Dialog des Geistes

Gebrannte Größe

„Man muß immer das gemeinsame Beste sehen."

Hinrich Castorp auf dem Hansetag 1487

Wir danken den Hansestädten Lübeck, Wismar, Rostock, Stralsund, Greifswald und den Mitarbeitern in den Museen und Archiven für die gute Zusammenarbeit sowie den Mitarbeitern der Landesregierungen von Mecklenburg-Vorpommern und Schleswig-Holstein für ihre hilfreiche Unterstützung. Unser Dank gilt auch der Redaktion der Zeitschrift MONUMENTE und den Kollegen in der Deutschen Stiftung Denkmalschutz. Sie alle haben sich nach Art der Hanse zu einer Gemeinschaft zusammengefunden, die das Gelingen dieses Buches ermöglicht hat.

Träger der Ausstellung

MECKLENBURG-VORPOMMERN

SCHLESWIG-HOLSTEIN

EVANGELISCHE LANDESKIRCHEN IN MECKLENBURG-VORPOMMERN

DEUTSCHE STIFTUNG DENKMALSCHUTZ

Förderer der Ausstellung

NDR

Alfried Krupp von Bohlen und Halbach-Stiftung

NORD/LB

POSSEHL-STIFTUNG

Sparkasse zu Lübeck

IHK Lübeck

Gefördert aus Mitteln des Beauftragten der Bundesregierung für Angelegenheiten der Kultur und der Medien durch die KulturStiftung der Länder

OZ OSTSEE-ZEITUNG

LN Lübecker Nachrichten

GFI

Gebrannte Größe

Wege zur Backsteingotik

Dialog des Geistes

Geist und Religion im Mittelalter

MONUMENTE Publikationen
der Deutschen Stiftung Denkmalschutz

Inhalt

Greifswald

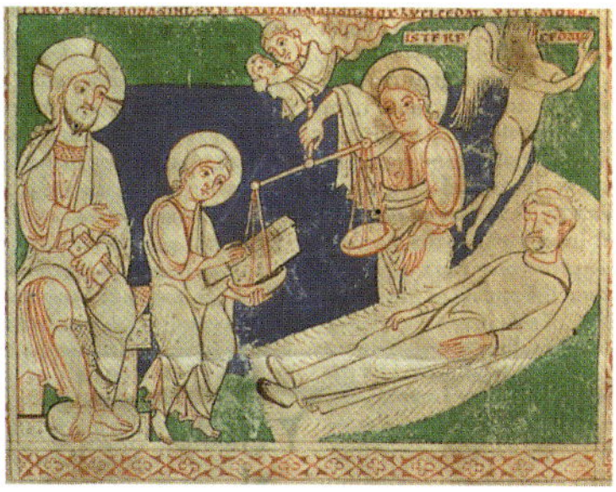

In kunstvoll gemalten Initialminiaturen verrät die Hamburger Bibel von 1255, wie Bücher im Mittelalter hergestellt wurden. Franz Jürgen Götz M. A., Buchwissenschaftler an der Bayerischen Staatsbibliothek München, lädt in das mittelalterliche Kloster und seine Schreibstube ein.

Franz Jürgen Götz

Handarbeit zum Lobe Gottes

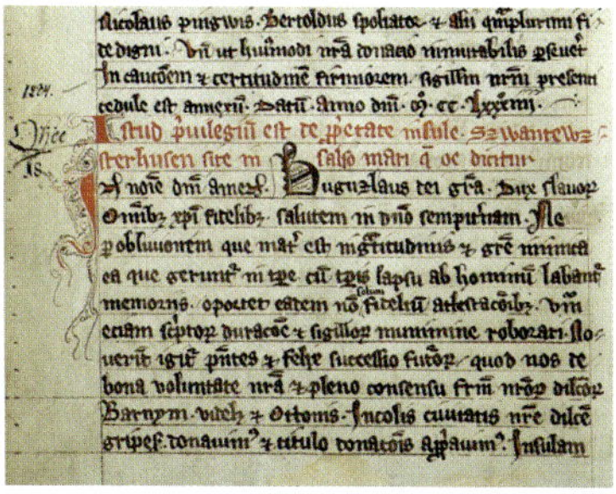

Die Schrift der Gotik – wo sonst eher der Inhalt der Schriftzeugnisse von Bedeutung ist, lenkt Dr. Dirk Alvermann, Leiter des Universitätsarchivs Greifswald, den Blick auf die „scriptura gotica", auf Ligaturen und Quadrangeln in den Schätzen der reich ausgestatteten Greifswalder Archive. Auch in der Schrift kann man gotisches Formempfinden entdecken.

Dirk Alvermann

Schlüssel des Wissens, Spiegel von Kunst und Geist

Geist und Religion des Mittelalters in einer Ausstellung „be"-greifbar zu machen, ist mehr als eine rein technische Aufgabe. Dass Konzeption und praktischer Aufbau auch von der Begeisterung für das Thema getragen werden, zeigt dieser Beitrag.

Holger von Neuhoff
Francisco Carnal
Stephanie Febel
Manfred Schulz
Dieter M. Weidenbach

Dialog des Geistes

Vorwort

Dialog des Geistes –
Das Erbe der Backsteingotik in Greifswald

Die Hanse- und Universitätsstadt Greifswald ist das östlichste Ziel unserer Backsteingotik-Reise entlang der deutschen Ostseeküste. Ausgehend von Lübeck, dem Zentrum hanseatischen Geistes, führt sie uns nach Wismar, Rostock, Stralsund und jetzt nach Greifswald. Alle diese Städte haben Teil an der hanseatischen Tradition, die sämtliche Länder und Regionen rings um das „mare balticum" miteinander verbindet und heute, im zusammenwachsenden Europa, wieder Grenzen überwindet!

Das Land an der südlichen Ostseeküste zwischen Elbe und Oder, unser Land Mecklenburg-Vorpommern, wegen seiner Schönheit immer wieder gerühmt, hütet einen reichen Schatz an Denkmälern. Auf Schritt und Tritt stößt der Reisende hier auf eine kulturhistorische und architektonische Vielfalt, die ihresgleichen sucht und das Bild Norddeutschlands mindestens genauso nachhaltig geprägt hat wie Natur und Landschaft. Beides, Natur und Kultur, sind für uns in Mecklenburg-Vorpommern Pfunde, mit denen wir unsere Gäste beeindrucken und unsere Tourismuswirtschaft weiter stärken wollen.

Neben Schlössern und Herrensitzen sind es gerade die prächtigen Backsteinkirchen, aber auch Klöster und stolze Giebelhäuser, die die Städte und Dörfer prägen. Leuchtend rot kontrastiert der Backstein im Sommer zum Grün der Wiesen, zum Gelb der Rapsfelder, zum Blau-Weiß des Himmels und der Wolken. Wie Felsen aus der Brandung ragen die Kirchen, Kathedralen und Dome aus dem flachen Land und dem sie umgebenden Häusermeer hervor. Die Zeit, in der sie entstanden, war eine der produktivsten und schöpferischsten Epochen unseres Landes, eine Zeit, in der Pommern und Mecklenburg europäische Kulturgeschichte schrieben!

Kultur- und Geistesgeschichte schrieb auch die Hanse- und Universitätsstadt Greifswald. Es war der Greifswalder Bürgermeister Heinrich Rubenow, der 1456 – der wirtschaftliche Niedergang der Hanse hatte schon begonnen – Greifswald zur Universitätsstadt erhob und die Stadt so zu einem Kultur- und Geisteszentrum mit Strahlkraft in den gesamten Ostseeraum machte.

Auch in Greifswald markieren die Kirchtürme schon von weitem das Ziel. St. Nikolai, der „Lange Nikolaus", ist mit seinem fast 100 m hohen Turm das höchste Bauwerk der Stadt. St. Nikolai und die gotische Marienkirche, im Volksmund die „Dicke Marie" genannt, stellen den „Kleinen Jakob", die dritte gotische Stadtkirche, St. Jakobi, den Ort der Greifswalder Ausstellung, nur scheinbar in den Schatten. Nicht weniger bedeutend war das Zisterzienserkloster Eldena. Es trug maßgeblich zur Entstehung der Stadt Greifswald bei.

Ich freue mich, dass diese Ausstellungsreihe einem breiten Publikum von der reichen Tradition norddeutscher Baukunst kündet. Ich danke allen, die diese Ausstellung auch hier in Greifswald ermöglicht haben. Ich danke Herrn Professor Kiesow von der Deutschen Stiftung Denkmalschutz für seine Initiative und Tatkraft sowie allen seinen Mitstreiterinnen und Mitstreitern. Ich danke allen Förderern der Ausstellung, der Evangelisch-Lutherischen Landeskirche Mecklenburgs und der Pommerschen Evangelischen Kirche, der Stadt und den Gemeinden, dem Norddeutschen Rundfunk, der Alfried Krupp von Bohlen und Halbach-Stiftung, der Kulturstiftung der Länder und der NordLB für ihre ideelle und finanzielle Unterstützung, sowie allen, die an dieser Ausstellung mitgearbeitet haben. Ich wünsche der Ausstellung in Greifswald viel Erfolg und den Besuchern faszinierende Erlebnisse beim „Dialog des Geistes"!

Dr. Harald Ringstorff
Ministerpräsident von Mecklenburg-Vorpommern

GEBRANNTE GRÖSSE

Wege zur Backsteingotik

Kathedralen des Mittelalters – erhabene Zeugnisse der Baukunst. Was sie im Innern zusammenhält ist mehr als Backstein und Mörtel. In Demut vor Gott und zu seiner Ehre, verbunden mit hansischem Bürgerstolz entstand im 14. Jahrhundert in Norddeutschland eine Vielzahl kirchlicher und profaner Großbauten aus Backstein. Ihnen war im Jahr 2002 eine Ausstellungsreihe gewidmet, die in Lübeck, Wismar, Rostock, Stralsund und Greifswald in fünf Themengruppen die „Bausteine" zum Verständnis der norddeutschen Backsteingotik zeigte. Die fünf Bücher „Gebrannte Größe – Wege zur Backsteingotik" greifen die Ausstellungsthemen auf und geben einen Einblick in die mittelalterliche Kulturgeschichte Norddeutschlands.

Wie auf den Kirchenbaustellen gearbeitet wurde, wie sie organisiert und finanziert wurden, erfährt man im Wismar-Band. Die Ausstellung in und um St. Marien wird mit einer 3-D-Filmpräsentation und Nachbauten mittelalterlicher Baugeräte fortgeführt.

Der Rostocker Band widmet sich den baulichen Details. Aus einfachen Backsteinen oder besonderen Formsteinen zusammengesetzt, tragen die Schmuckformen wesentlich zu der Faszination bei, die von den Werken der Backsteingotik ausgeht. Die Vicke-Schorler-Rolle, eine riesige Zeichnung aus dem 16. Jahrhundert, zeigt eine Hansestadt aus dem Blickwinkel des Zeitgenossen.

Lübeck war der Ausgangspunkt der hansischen Entwicklung, Drehscheibe des nordeuropäischen Fernhandels und damit einhergehend der hansischen Kultur. Das Vorbild für die Kirchen im Ostseeraum, Lübisches Recht und die Organisation des Handels wurden von hier aus exportiert. Das Buch und die ständige Ausstellung im Holstentor, dem Symbol des hansestädtischen

Die Sprache der Steine

Schmuckformen der Backsteingotik. Rostock

Bauten der Macht

Eine Kirchenbaustelle im Mittelalter. Wismar

Selbstbewusstseins schlechthin, vermitteln einen Einblick in den Alltag des Fernhandelskaufmanns in einer Hansestadt.

Im Stralsunder Band dreht sich alles um die Seefahrt, die Voraussetzung für den Austausch der Waren und der hansischen Kultur rund um die Ostsee. Schiffsfunde, Seekarten, Modelle und Darstellungen auf Siegeln und Gemälden stellen die Kogge, das hansische Schiff, in den Mittelpunkt. Darüber hinaus gibt ein Beitrag einen Ausblick auf die Entwicklung des Schiffbaus bis in unsere Zeit.

Die Hanse. Macht des Handels

Der Lübecker Fernhandelskaufmann. Lübeck

Maritime Macht

Schiffe, Ostsee und Piraten. Stralsund

Liebe Leserin, lieber Leser,

noch nie hat unsere Küstenregion mit ihrer Architekturlandschaft und ihrem Geist in so großem öffentlichen Interesse gestanden. „Wege zur Backsteingotik" – diese Initiative der Deutschen Stiftung Denkmalschutz wurde gemeinsam mit dem Landestourismusverband und seinen Regionalverbänden sowie den Städten und Gemeinden, die dieses architektonische Erbe pflegen, erarbeitet. Wenn die Ausstellung „Gebrannte Größe – Wege zur Backsteingotik" in Greifswald eröffnet wird, werden wir uns mit den Hansestädten Stralsund, Rostock, Wismar und Lübeck verbunden fühlen im Bemühen um den Erhalt der mittelalterlichen Bauten aus gebranntem Ton.

Das Siegel der Hansestadt Greifswald im 14. und 15. Jahrhundert

Die Greifswalder Ausstellung mit dem Titel „Dialog des Geistes" führt in die Kultur und Religion, in Lebensgefühl und soziale Bedingungen der so fern liegenden Zeit des Mittelalters ein. Sie ergänzt und bereichert die Ausstellungen über Gewerke, Handel und Wandel, Schifffahrt und Schiffbau, über unterschiedliche künstlerische Formen der Backsteinarchitektur in den Mitgliedsstädten des Projekts.

Dialog ist das zentrale Thema der Ausstellung, hierin liegt auch der aktuelle Bezug zu Ereignissen, Wissen und Glauben in der heutigen Zeit – Dialog als vernünftige Alternative zu starrem Beharren im Wortstreit oder gewaltsamen Auseinandersetzungen, Dialog zur gegenseitigen Verständigung über unterschiedliche Lebens- und Glaubenswelten. Gerade auch für diesen Aspekt ist dem Gestalterteam der Ausstellung um Holger von Neuhoff zu danken.

Die Verwirklichung der Ausstellung wäre nicht möglich gewesen ohne die Initiative des Landes Mecklenburg-Vorpommern, der Deutschen Stiftung Denkmalschutz und allen Partnern, die dieses große kulturelle Projekt angeregt, umgesetzt und großzügig mitfinanziert haben. Unser Dank gilt auch der Pommerschen Evangelischen Kirche und der Greifswalder evangelischen Gemeinde St. Jacobi, die die Ausstellung in ihrer Kirche beherbergt, den Ausstellungsgestaltern und Katalogautoren, die zum Gelingen beigetragen haben. Ein herzlicher Gruß gilt den verschiedenen Gewerken, die an der Sanierung der Jacobikirche beteiligt waren und den Fortbestand dieses schönen Bauwerks gesichert haben.

Wir freuen uns auf die Besucherinnen und Besucher der Ausstellung „Dialog des Geistes". Mögen sie auf den Wegen zur Backsteingotik auch die heutige Entwicklung unserer Stadt erleben und die vielen Möglichkeiten zur Erholung und zum Kennenlernen der Region nutzen. Ihr lebhaftes Interesse wird der schönste Lohn für alle am Vorhaben Beteiligten sein.

Dr. Arthur König
Oberbürgermeister

Termine der Ausstellung „Dialog des Geistes":
Greifswald 28. 4.–3. 11. 2002, St. Jacobi-Kirche
Berlin-Mitte 28. 5.–27. 7. 2003, St. Elisabeth-Kirche

Uwe Kiel

Das Kloster, die Hanse und die Stadt am Ryck

Zur mittelalterlichen und frühneuzeitlichen Geschichte der Hanse- und Universitätsstadt Greifswald

Greifswald

Greifswald von Norden, um 1615 (siehe auch Abb. 7). Links im Bild erhebt sich der wuchtige Bau von St. Marien. Rechts das Rathaus mit seinem im 18. Jahrhundert durch Brand zerstörten Westturm. In der Mitte überragt der Dachreiter der ehemaligen Franziskanerkirche die Wohngebäude. In der Stadtmauer sind deutlich die „Wassertore" zu erkennen, welche die zum Hafen führenden Stichstraßen abschlossen.

Caspar David Friedrich und die Klosterruine

Die von den charakteristischen Türmen der drei mittelalterlichen Pfarrkirchen St. Nikolai, St. Marien und St. Jakobi dominierte Silhouette der Stadt Greifswald erlangte durch die Gemälde und Zeichnungen des 1774 hier geborenen Caspar David Friedrich einen über die Grenzen Norddeutschlands hinausreichenden Bekanntheitsgrad. Auch die etwa fünf Kilometer östlich der heutigen Greifswalder Altstadt gelegene Ruine des Klosters Eldena, mit dem die Anfänge der Stadt Greifswald eng verbunden sind, stellt – mitunter projiziert in fremde oder mystische Landschaftskompositionen – ein immer wiederkehrendes Motiv im Schaffen des großen Malers der deutschen Frühromantik dar (Abb. 1).

Das Kloster Eldena und die Anfänge der Stadt Greifswald

Greifswald entstand im Zuge des deutschen Landesausbaus als Kolonisationsstadt *aus wilder Wurzel*. Im Unterschied zu anderen vorpommerschen Städten ist für Greifswald ausweislich bisheriger archäologischer Grabungsbefunde keine slawische Vorbesiedlung nachweisbar.

Im Jahre 1199 gründeten ursprünglich aus dem dänischen Esrom kommende Zisterziensermönche an der Ryckmündung in der Nähe ergiebiger Salzquellen das Kloster Hilda, später Eldena genannt, nachdem ihr 1172 in Dargun (westlich von Demmin) angelegtes Kloster 1198 in einem Grenzkrieg zwischen Rügen, Mecklenburg und Pommern zerstört worden war. Vom Papst 1204 bestätigt, wurde das Kloster Eldena seit 1207 durch den rügenschen Fürsten Jaromar I. großzügig mit Landbesitz ausgestattet. Derselbe Fürst erlaubte dem Kloster im Jahre 1209 die Ansiedlung von Bauern deutscher, dänischer und slawischer Herkunft. Seit den ersten Jahrzehnten des 13. Jahrhunderts setzte ein Zustrom vor allem deutscher Kolonisten insbesondere aus dem westelbischen Raum, vom Niederrhein, aus Westfalen, Niedersachsen, Holstein und Friesland ein.

Das Gebiet am Greifswalder Bodden lag im Blickfeld verschiedener rivalisierender Mächte. Der in die dänische Wiek mündende Ryck, ein kleiner, doch für Fahrzeuge mit geringerem Tiefgang schiffbarer Fluss, bildete die Grenze zwischen dem Herzogtum Pommern und dem Fürstentum Rügen – zu dem auch festländische Teile gehörten – wie auch zwischen dem pommerschen Bistum Kammin und dem mecklenburgischen

Abb 1: Der berühmte Sohn der Stadt, Caspar David Friedrich, versetzte die Ruine Eldena auf seinem Gemälde ins Riesengebirge. Um 1830/34

Bistum Schwerin. Das Kloster Eldena sah sich mit Gebietsansprüchen weltlicher Herren wie der Grafen von Gützkow, der Herren von Loitz und anderer Angehöriger des niederen Adels, die ihrerseits den Landesausbau vorantrieben, konfrontiert.

Aufgrund seiner verkehrsgeographischen Lage am Schnittpunkt wichtiger Handelswege und wegen der Salzquellen im Rosental am nördlichen Ryckufer, die sich seit Mitte der 1190er Jahre im Besitz der Darguner – beziehungsweise später der Eldenaer – Zisterziensermönche befanden, bot das Kloster günstige Voraussetzungen für den Zuzug von Ansiedlern. Vor diesem Hintergrund wechselnder territorialer Verhältnisse und dynamischer Besiedlungsvorgänge trat die spätere Stadt Greifswald in den 1240er Jahren in das Licht der urkundlichen Überlieferung: Im Jahre 1241 erteilten sowohl der Rügenfürst Wizlaw I. als auch der Herzog Wartislaw III. von Pommern-Demmin dem Kloster Eldena das Recht, einen Wochenmarkt auf seinem Gebiet abzuhalten. Wenngleich dieser Handelsmarkt von der Forschung bislang nicht zweifelsfrei lokalisiert werden konnte, so darf er doch als die Keimzelle für die Entwicklung der Stadt Greifswald angesehen werden. In einer Urkunde des pommerschen Herzogs Wartislaw III. aus dem Jahre 1248 wurde die Marktsiedlung erstmalig als *oppidum Gripheswald* unter den Besitzungen des Klosters Eldena erwähnt. Im Jahr darauf trat das Kloster das in deutscher Sprache *Gripeswald* genannte *oppidum* als Lehen an den Pommernherzog Wartislaw III. ab. Letzterer bewidmete den

Marktort durch eine Urkunde vom 14. Mai 1250 mit dem Lübischen Recht, erhob ihn damit im juristischen Sinne zur Stadt und verlieh ihm die freie Selbstverwaltung nach dem Vorbild der Stadt Lübeck, der ‚Mutterrechtsstadt' für über einhundert Städte entlang der südlichen Ostseeküste.

Abb. 2: Pergamenturkunden dokumentieren die Stadtwerdungsphase und die schnelle Entfaltung der mittelalterlichen Hansestadt. Urkunde des pommerschen Herzogs von 1264: Vereinigung von Alt- und Neustadt und Verleihung des Befestigungsrechts für Greifswald (siehe S. 23).

Greifswald und die Hanse

Das Lübische Recht war der verfassungspolitische Rahmen für kaufmännisches Unternehmertum und Fernhandel. Die Stadtverfassung der Städte des Lübischen Rechts zeichnete sich durch die dominierende Stellung des Rates aus, der sich aus den vermögendsten Vertretern insbesondere der Kaufmannschaft zusammensetzte. Der Rat führte das Stadtregiment, leitete die städtische Innen- und Außenpolitik, besaß das Recht zur Setzung bürgerlicher Rechtsnormen und übte die hohe und niedere Gerichtsbarkeit aus, welche in Greifswald freilich anfangs, bis 1322, noch in den Händen eines vom Herzog ernannten Vogtes lag.

Wie im Falle der anderen Küstenstädte Mecklenburgs und Pommerns, vor allem Rostocks, Wismars und Stralsunds, ist die Gründungsgeschichte der Stadt Greifswald untrennbar mit dem kraftvollen kommerziellen Vorstoß des Lübecker – beziehungsweise über Lübeck gekommenen – Kaufmanns in den Ostseeraum und mit dessen wirtschaftlicher Erschließung verbunden. Die rasch aufblühende Stadt am Ryck fand von Beginn an Zugang zum Ostseehandel, in welchen sie die Agrarprodukte der Umgebung, Bier sowie das hier gewonnene Salz einbrachte, wohingegen Hering, Stockfisch, Felle, Pelzwaren, Hanf, Wachs, Tuche, Wein und Wolle importiert beziehungsweise weiterverhandelt wurden. Die Hanse stand an der Wiege der Stadt Greifswald, die in das allmählich entstehende System hansischer Handels- und Bündnisbeziehungen hineinwuchs. Verschiedene Maßnahmen

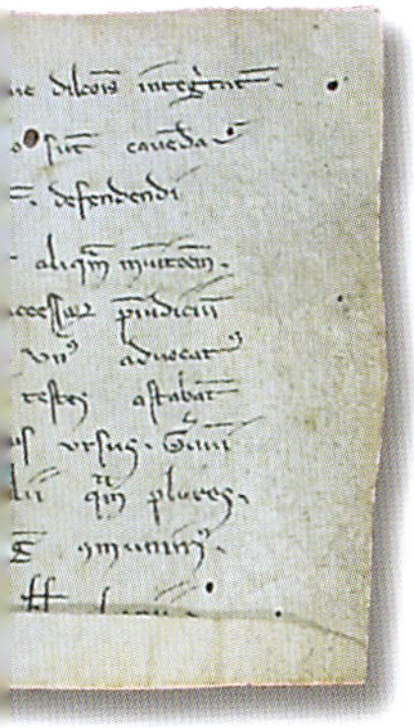

verdeutlichen das Interesse der pommerschen Herzöge an dem sich entwickelnden städtischen Handelszentrum: Bereits 1254 erklärten sie den Greifswalder Hafen vom Gellen und der Insel Ruden bis zur Stadt zum Freihafen. 1264 gewährten sie der Stadt Greifswald Zollfreiheit für das Herzogtum, 1270 das – später, 1361, noch erweiterte – Niederlagsrecht für Holz, Pech, Asche und andere Waren aus ihren Landen mit Ausnahme von Getreide. Das Privileg der freien Getreideein- und -ausfuhr erhielt die Stadt im Jahre 1289.

Handelskontakte der Stadt am Greifswalder Bodden nach Skandinavien, einer Haupthandelsrichtung Greifswalder Kaufleute, sind seit den 1260er Jahren belegt. Seit 1262 genoss Greifswald Handelsfreiheit in Norwegen. Im April 1278 verkündete der dänische König den Bürgern von Lübeck, Wismar, Rostock, Stralsund, Greifswald, Stettin und aller wendischen Städte Zollfreiheit und freies Geleit für die Märkte zu Huistanger – es ist dies das erste Auftreten Greifswalds im Ausland im Kreise jener Städte des wendischen Quartiers der Hanse, die später nachgerade als Kern der Hanse bezeichnet worden sind. Der dänische König wies den Greifswalder Kaufleuten im Jahre 1280 in Falsterbo im Südwesten Schonens, einem nordeuropäischen Hauptumschlagplatz für Hering und andere Waren, einen Platz zur Anlage einer Vitte, eines Anlande-, Verarbeitungs- und Handelsplatzes, zu. 1320 erhielten die Greifswalder Kaufleute Handels- und Zollfreiheit im dänischen Königreich sowie das Recht, für ihre Niederlassungen auf den Schonenmärkten einen eigenen Richter zu bestellen.

Wie auch in anderen Hansestädten üblich, schlossen sich in Greifswald die nach bestimmten geographischen Regionen handelnden Kaufleute zu Fahrtgemeinschaften zusammen. Sie erfüllten nicht lediglich ökonomische und soziale Funktionen für die Mitglieder dieser Korporationen, sondern übten überdies einen nicht unmaßgeblichen Einfluss auf die städtische Politik aus. Im 14. Jahrhundert hatten sich in Greifswald neben den nach Norwegen handelnden Bergenfahrern, die sich eines besonderen Prestiges erfreuten, die Schonenfahrer, Kopenhagenfahrer und Bornholmfahrer zu solchen Kompanien zusammengeschlossen. Über die Zielorte dieser Fahrtrichtungsgenossenschaften hinaus ist die Beteiligung Greifswalder Kaufleute am Handel nach Flandern, England, Livland und Russland nachweisbar.

Obgleich Greifswald als Hansestadt nie eine solche Individualität und Unabhängigkeit wie etwa Stralsund, Rostock oder gar Lübeck ausgeprägt hat, strahlte das Ansehen der Stadt am

Abb. 3: Das Wohnspeicherhaus Markt 11 (Marktostseite), eines der schönsten gotischen Giebelhäuser in Norddeutschland, auf einer Postkarte um1910

Ryck doch weit über die engere Region hinaus. Greifswald wurde selbst Mutterstadt für mehrere Städte vor allem im hinterpommerschen Raum, beispielsweise für Kolberg, Greifenberg und Kammin, für die der Greifswalder Rat zugleich als Appellationsinstanz in Gerichtsangelegenheiten fungierte. Die freilich zuweilen auch durch Handelskonkurrenz belasteten Verbindungen zu anderen wendischen Hansestädten nutzend, wurde Greifswald zu einem handels- und machtpolitischen Faktor mit durchaus eigenem Gewicht. Am Rostocker Landfrieden von 1283 war die Stadt ebenso beteiligt wie an einem 1293 daraus hervorgegangenen städtischen Bündnis und dem sogenannten ‚Vierstädtebund' von 1310 sowie weiteren städtischen Schutzbündnissen zur Abwehr fürstlicher oder anderer Übergriffe. Obschon seit 1296 von der Heerfolge befreit, unterstützten die Greifswalder Bürger das pommersche Herzoghaus im Ersten Rügischen Erbfolgekrieg von 1326–1328 maßgeblich bei der Durchsetzung seiner Ansprüche gegen Mecklenburg auch mit Waffengewalt. Nachdem im Ergebnis des Krieges das Fürstentum Rügen an die Herzöge von Pommern gefallen war, verlor Greifswald seine Randlage innerhalb des Herzogtums, zu dem nunmehr auch Stralsund, die wirtschaftlich bedeutendere und politisch gewichtigere hansische Schwesterstadt, gehörte. Selbstverständlich hängt, neben einer Vielzahl anderer, auch das Siegel der Stadt Greifswald an den Urkunden des 1370 geschlossenen Stralsunder Friedens, dem glanzvollen äußeren Höhepunkt hansischer Machtentfaltung.

Kann Greifswald bis in das 15. Jahrhundert als charakteristische hansische Seehandelsstadt angesprochen werden, so verfügte die Stadt doch gleichermaßen über einen ausgedehnten, außerhalb der Mauern gelegenen Landbesitz. Inwieweit etwa kaufmännisches Kapital in diesem Grundbesitz angelegt und somit dem Aktivhandel entzogen wurde, muss offen bleiben. Die hansischen Aktivitäten Greifswalds, das um 1500 nach den Schätzungen Rudolf Biederstedts etwa 4500 Einwohner zählte[1], waren jedenfalls seit dem 16. Jahrhundert deutlich im Abnehmen begriffen, wenngleich die Stadt 1616 am Bündnis ver-

schiedener Hansestädte mit den Niederlanden noch beteiligt gewesen ist. Ein Haupthemmnis für den Seehandel und die Schifffahrt Greifswalds bestand zumal vor dem Hintergrund wachsender Ladekapazitäten der Schiffe in der geringen Fahrwassertiefe des Ryck. Wegen der Versandung der Fahrrinne wurde es erforderlich, größere Schiffe in dem bereits Ende des 13. Jahrhunderts angelegten Vorhafen in Wieck beziehungsweise auf Reede zu leichtern und die Waren auf Prähmen in den Stadthafen zu transportieren.

Die Gründung der Greifswalder Universität

Während die Stadt Greifswald auf wirtschaftlichem Gebiet mindestens seit dem ausgehenden 15. Jahrhundert das Feld anderen Städten wie Stralsund als ‚Vorderstadt' der pommerschen Hansestädte und später dem aufstrebenden Stettin überlassen musste, eröffneten sich Entwicklungsperspektiven besonderer Art, als die Ryckstadt 1456 Sitz der pommerschen Landesuniversität wurde. Die Universität Greifswald, nach der 1419 in Rostock gegründeten Hohen Schule die älteste Universität Nordeuropas, verdankte ihre Gründung dem Zusammenwirken zwischen dem pommerschen Herzog, dem Kamminer Bischof und namentlich dem Greifswalder Bürgermeister Heinrich Rubenow, von dem die entscheidende Initiative ausgegangen war. Durch die Impulse der Universität und die Beziehungen vor allem zwischen ihrer Theologischen Fakultät und den Greifswalder Kirchen entwickel-

Abb. 4: Blick vom Nordufer des Ryck auf St. Marien und den Turm von St. Nikolai. Am Hafen der 1329 erstmalig erwähnte Vangenturm, einst nordöstlicher Eckturm der heute nur noch rudimentär vorhandenen mittelalterlichen Stadtmauer.

te sich die Stadt zum geistigen Zentrum des Herzogtums und ganz Pommerns. Nach einer Formulierung des Kirchenhistorikers Hellmuth Heyden strahlte Greifswald, wenn es auch „im Vergleich zu der Nachbarstadt Stralsund nur wenig äußere Macht entfaltet hat, [...] zu allen Zeiten, und das vom engen Raum und unter oft drückenden Verhältnissen, nicht geringe geistige Energien aus, die in der Geschichte der drei Kirchen durch ihre jahrhundertelange Verbindung mit der Universität ihren besonderen Niederschlag fanden".[2] Das erste Jahrhundert der Greifswalder Universität gestaltete sich freilich wechselhaft: Dem Aufschwung der Gründungsphase folgten die Auseinandersetzungen am Vorabend und während der Reformation, in denen die Universität als Bastion des alten Glaubens in eine schwere Existenzkrise geriet.

Zur Geschichte der Stadt Greifswald seit der Zeit der Reformation

Die Reformation wurde in Greifswald gegen den Widerstand des Klerus, des Lehrkörpers der Universität und des Rates relativ spät, erst 1531, eingeführt. Die darniederliegende Universität, die ihren Lehrbetrieb schließlich sogar ganz einstellen musste, wurde im Jahre 1539 als nunmehr evangelische Universität wiedereröffnet. Gefördert durch den Landesherrn, erlangte die pommersche Landesuniversität bald wieder überregionale Bedeutung, wurde aber im Dreißigjährigen Krieg erneut in ihrer Existenz gefährdet.

Greifswald geriet 1627 in die Wirren des großen Krieges. Zunächst besetzten kaiserliche und seit 1631 die als Retter des evangelischen Glaubens gepriesenen schwedischen Truppen die Stadt. Im Westfälischen Frieden fiel 1648 Vorpommern und somit auch Greifswald an Schweden. Trotz Hilfsmaßnahmen der schwedischen Regierung litten die Stadt und ihre Universität noch lange unter den Zerstörungen, dem wirtschaftlichen Ruin, der Dezimierung und Verarmung der Bevölkerung infolge des Krieges. Die Universität gelangte 1634 durch eine Schenkung des letzten Pommernherzogs in den Besitz der ausgedehnten Ländereien des ehemaligen Klosters Eldena, das nach der Reformation in ein herzogliches Amt umgewandelt worden war. Neben der Universität hatten in Greifswald mit dem Konsistorium, dem vorpommerschen Generalsuperintendenten, dem Hofgericht und seit 1803 dem Oberappellationsgericht auch obere und oberste Kirchen- und Gerichtsbehörden ihren Sitz.

Das aus der Zugehörigkeit Vorpommerns zu Schweden resultierende Spannungsverhältnis zwischen dem skandinavischen Königreich und Brandenburg-Preußen, das nach dem

Aussterben des pommerschen Herzoghauses 1637 Erbansprüche auf Vorpommern geltend machte, führte zu einer Reihe weiterer Kriege. Greifswald wurde mehrfach belagert und militärisch besetzt. Die Kriegslasten, die Folgen zweier Stadtbrände von 1713 und 1736 und die daraus erwachsende Not bedrückten die Stadt schwer, bevor in der zweiten Hälfte des 18. Jahrhunderts eine Belebung von Handel und Schifffahrt und ein bescheidener wirtschaftlicher Aufschwung einsetzten. In den Jahren 1747 bis 1750 wurde auf den Fundamenten des Vorgängerbaues von 1591 das Collegiengebäude, das heutige Universitätshauptgebäude, errichtet.

Während der Napoleonischen Kriege hatte Greifswald erneut unter den Drangsalen militärischer Besetzung, diesmal durch französische Truppen, zu leiden. Erst mit dem Übergang Schwedisch-Pommerns an Preußen 1815 begann eine längere Friedensperiode. Im Zeichen einer sich in Greifswald in der zweiten Hälfte des 19. Jahrhunderts freilich nur verhalten durchsetzenden Industrialisierung und diese zugleich stimulierend erlebten Schifffahrt und Schiffbau eine letzte Blüte. Zunehmend war es jedoch die Universität, die das Wesen und das Antlitz der Stadt bestimmte. War den Industrieunternehmungen zumeist nur eine kurze Lebensdauer beschieden, entwickelte sich die expandierende Universität nun auch zu einem bedeutenden Wirtschaftsfaktor für die Stadt. Die Klinkerfassaden der großzügigen Universitätsneubauten prägten mehr und mehr das Stadtbild.

Greifswald, seit 1863 an die Eisenbahn angeschlossen, wuchs schnell über die bisherigen Stadtgrenzen hinaus. 1913 erhielt die nunmehr über 25 000 Einwohner zählende Stadt die Kreisfreiheit, die sie im Jahre 1950 zwar einbüßte, 1974 aber wiedererlangte. Im Jahre 1939 wurden die beiden an der Ryckmündung gelegenen Dörfer Wieck und Eldena nach Greifswald eingemeindet.

Im Zweiten Weltkrieg blieb die Stadt durch die kampflose Übergabe an die sowjetische Armee am 30. April 1945 von Kampfhandlungen weitgehend verschont und unzerstört. Parallel zum Bau des Kernkraftwerkes in der nahegelegenen Lubminer Heide entstanden seit den 1960er Jahren neue, von Plattenarchitektur geprägte Stadtteile im Osten und Südosten Greifswalds. Seit Ende der 70er Jahre wurde das Bild der Altstadt, deren Bausubstanz zunehmend vom Verfall bedroht war, durch Flächenabbruch und Ersatzneubauten vor allem im nördlichen Bereich nachhaltig verändert. Um so mehr gilt es heute, die noch erhaltene Bausubstanz, steinernes Zeugnis der über 750jährigen Geschichte der Hanse- und Universitätsstadt Greifswald, zu bewahren.

Stadtbild und städtische Topographie Greifswalds im Mittelalter und in der frühen Neuzeit

Nach Nikolaus und Rosemarie Zaske bildete das gotische Stadtgefüge „den unerlässlichen Untergrund hansischen Wirkens, wie es zugleich dessen ideeller Ausdruck" gewesen ist.[3] Der Stadtgrundriss und die Stadtarchitektur Greifswalds im Mittelalter wiesen die dem praktischen Rationalismus des hansischen Kaufmanns entsprechenden typischen Strukturen einer Seehandelsstadt auf. Markt und Hafen, Speicher- und Wirt-

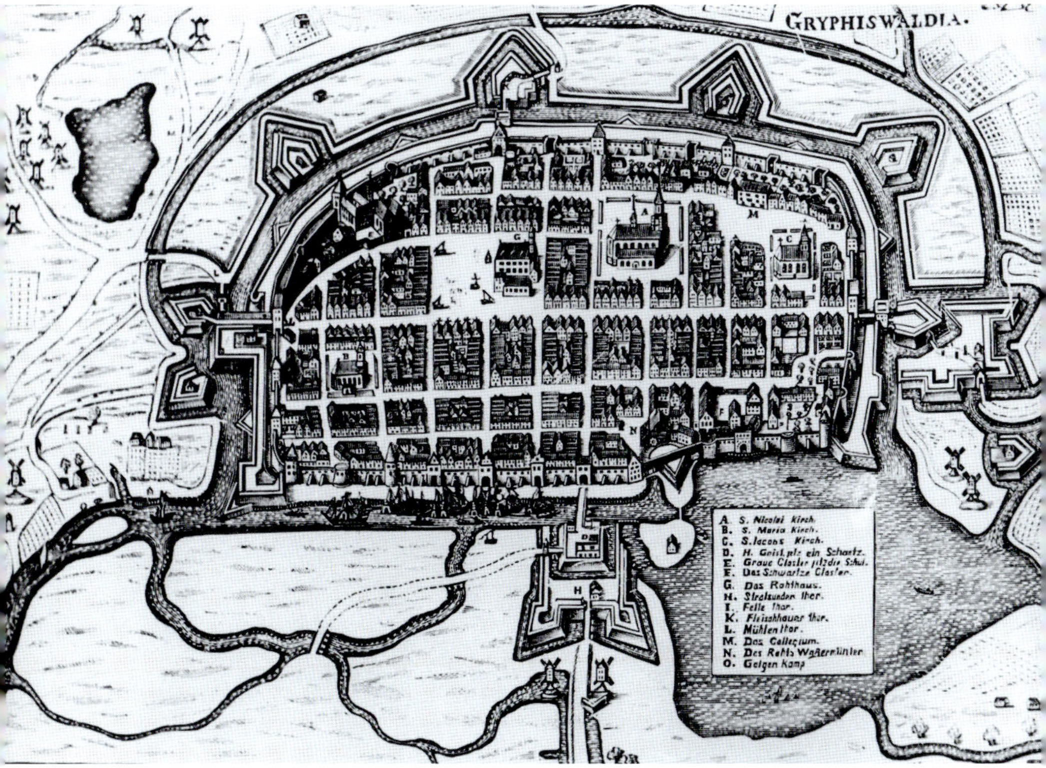

Abb. 5: Die planmäßig angelegte Stadt Greifswald aus der Vogelschau, Mitte des 17. Jahrhunderts, nach Matthäus Merian d. Ä.

schaftsgebäude sowie eine dem Prinzip klarer Zweckmäßigkeit gehorchende Straßenführung ermöglichten einen Warenverkehr größeren Umfangs. Kirchen, Wohngebäude, Versammlungsräume sowie die Befestigung der Gesamtanlage vervollständigten den mittelalterlichen Stadtorganismus. Die geometrische Grundfigur der mittelalterlichen Stadtanlage Greifswalds

ist das Rechteck, das der Form des Marktes, dem ‚Schachbrettmuster' der sich rechtwinklig kreuzenden Straßenzüge sowie dem Umriss der bebauten Parzellen Gestalt verlieh (Abb. 5, 6). Der Verlauf der Straßen und die Quartierstrukturen sind im wesentlichen bis heute erhalten geblieben.

Die Stadt Greifswald ist auf einem flachen Hügel planmäßig angelegt worden; ihrer räumlichen Ausdehnung waren durch den Flusslauf des Ryck im Norden sowie durch sumpfige Niederungen im Westen und Osten natürliche Grenzen gesetzt. In einer frühen Phase der Stadtentwicklung, um die Mitte des 13. Jahrhunderts herum, haben auf dem Areal der heutigen Altstadt mehrere Siedlungskerne nebeneinander existiert, doch entzieht sich die genaue Siedlungsabfolge unserer Kenntnis.

Westlich der mittelalterlichen Altstadt mit den Kirchen St. Marien und St. Nikolai und dem zwischen ihnen gelegenen Markt entstand schon bald die mittelalterliche Neustadt um den heutigen Rubenowplatz mit der Pfarrkirche St. Jakobi. Alt- und Neustadt waren durch den Stadtgraben voneinander getrennt, welcher, im Bereich der heutigen Weißgerberstraße verlaufend, im 14. Jahrhundert aufgefüllt und schließlich überbaut worden ist. Durch ein Privileg des Pommernherzogs Wartislaw III. vom 17. Mai 1264 wurden Alt- und Neustadt vereinigt und dem so entstandenen Gemeinwesen das Verteidigungs- und Befestigungsrecht verliehen (Abb. 2). Wie die Stadtrechtsverleihung von 1250 für den rechtlichen Status der Stadt, so hatte die Urkunde vom 17. Mai 1264 entscheidende Bedeutung für das Werden des Stadtbildes.

Wiederum mit Nikolaus und Rosemarie Zaske läßt sich konstatieren, dass die Ikonographie der Hansestadt, verstanden als architektonisches Ensemble, nicht allein vom Grundriss getragen worden ist. Ihre Bildhaftigkeit im Sinne der Baukunst erlangte die Hansestadt vielmehr erst durch ihren Ausbau in Backstein.[4] Hatten in der Frühzeit, wohl bis in die 1260er Jahre hinein, fast ausschließlich Holzbauten das Stadtbild Greifswalds bestimmt, so wurde jetzt vermehrt Stein als Baustoff verwendet. Die Urkunde von 1264 war sehr wahrscheinlich der Anlass für den Beginn einer regen Bautätigkeit, die keineswegs auf die Kirchen und die Stadtmauer, die Großbaustellen der damaligen Zeit, beschränkt geblieben ist. Mit der Stadtmauer entstand das nach außen hin sichtbarste Unterscheidungsmerkmal zwischen der Stadt und dem flachen Land; die Mauer mit ihren Toren und Türmen gehört zu den die mittelalterliche Stadt schlechthin konstituierenden Architekturelementen. Etwa um 1300 herum war die Stadt Greifswald „mit ihren wohl noch wenig befestigten Straßen und Plätzen und dem sie umgebenden Mauerring

in dieser Hinsicht ein über Jahrhunderte fertiges und in sich abgeschlossenes Gemeinwesen"[5].

Parallel zum Bau der Befestigungsanlagen erlebte die Stadt einen raschen inneren Ausbau, wobei nunmehr in zunehmendem Maße Massivbauten ausgeführt worden sind. Wie die Erkenntnisse der Stadtkernarchäologie der letzten Jahre zeigen konnten, fand das Material Stein neben seiner Verwendung für den Bau der Kirchen und Befestigungsanlagen nun auch Eingang in den Profanbau. Seit dem letzten Viertel des 13. Jahrhunderts ist eine sich schnell ausbreitende Versteinerung der Wohnbebauung feststellbar. Gewiss war Greifswald „keineswegs eine Stadt voll ragender Backsteingiebel" (Rudolf Biederstedt)[6], doch künden noch heute einige Wohnspeicherhäuser wie jene an der Marktostseite mit ihren aufwendig dekorierten Schmuckgiebeln von stadtbürgerlichem Repräsentationsbedürfnis und einem ihm adäquaten Gestaltungsvermögen (Abb. 3).

Vom gotischen Giebelhaus des begüterten und einflussreichen Bürgers zu unterscheiden waren das traufenständige Haus, die Buden und die Wohnkeller der städtischen Mittel- und Unterschichten. Jüngere archäologische Befunde und die parallel dazu betriebene systematische Auswertung der Stadtbücher und anderer schriftlicher Quellen konnten den Forschungsstand zur Sozialtopographie Greifswalds im Mittelalter erheblich präzisieren. Erwartungsgemäß konzentrierten sich die Ratsherren, Fernhandelskaufleute und andere Angehörige der städtischen Oberschicht in den Quartieren um den Markt und entlang der Nord-Süd-Verbindungen vom Hafen zum Markt, den damaligen Hauptstraßen, aber auch im Bereich der heutigen Langen Straße und im Quartier um St. Nikolai.

Das mittelalterliche Handwerk, das in Greifswald einen recht hohen Stand erlangte, am hansischen Handel jedoch nur einen mittelbaren Anteil hatte, konnte durch die archäologische Forschung an zahlreichen Orten des heutigen Innenstadtgebietes nachgewiesen werden. Mitte der 1990er Jahre ist im Areal zwischen Friedrich-Loeffler-Straße sowie Rot-

gerber- und Weißgerberstraße, also am Stadtgraben auf dem Gebiet der ehemaligen mittelalterlichen Neustadt gelegen, ein Handwerkerviertel aus der Zeit um 1300 ergraben worden. Die verschiedenen Handwerkszweige hatten sich in Ämtern (Zünften) zusammengeschlossen, deren bedeutendste die Schmiede, Schneider, Schuster und Pelzer, die ‚Viergewerke', gewesen sind. In den späteren innerstädtischen Auseinandersetzungen der frühen Neuzeit führten deren ‚Alterleute' (Vorsteher) häufig die Opposition gegen die Machtstellung des Rates an.

Der bedeutendste Profanbau des mittelalterlichen Greifswald war das Rathaus. Gelegen am Markt, dem Ort des Warenumschlags, dem gesellschaftlichen Mittelpunkt und wichtigsten öffentlichen Raum der Stadt, diente es außer Zwecken der Verwaltung den Interessen des Handels, worauf die für 1349 belegte Bezeichnung *Kophus* hindeutet. Vom ursprünglichen Bau, der im 18. Jahrhundert durch Brandkatastrophen schwer beschädigt wurde, blieben die Kellergewölbe erhalten.

Die älteste authentische Stadtansicht, entstanden um 1615, zeigt Greifswald vom Norden, von der Hafenseite aus (Abb. 7 und Ausschnitt am Beginn dieses Beitrages). Ganz ähnlich hat sich auch im Mittelalter das Panorama der Stadt dem Reisenden

Abb. 6: Greifswald im Mittelalter. Stilisierte Darstellung nach einer Rekonstruktion von Theodor Pyl auf der Grundlage der Stadtbücher und älterer Darstellungen, 2. Hälfte 19. Jahrhundert

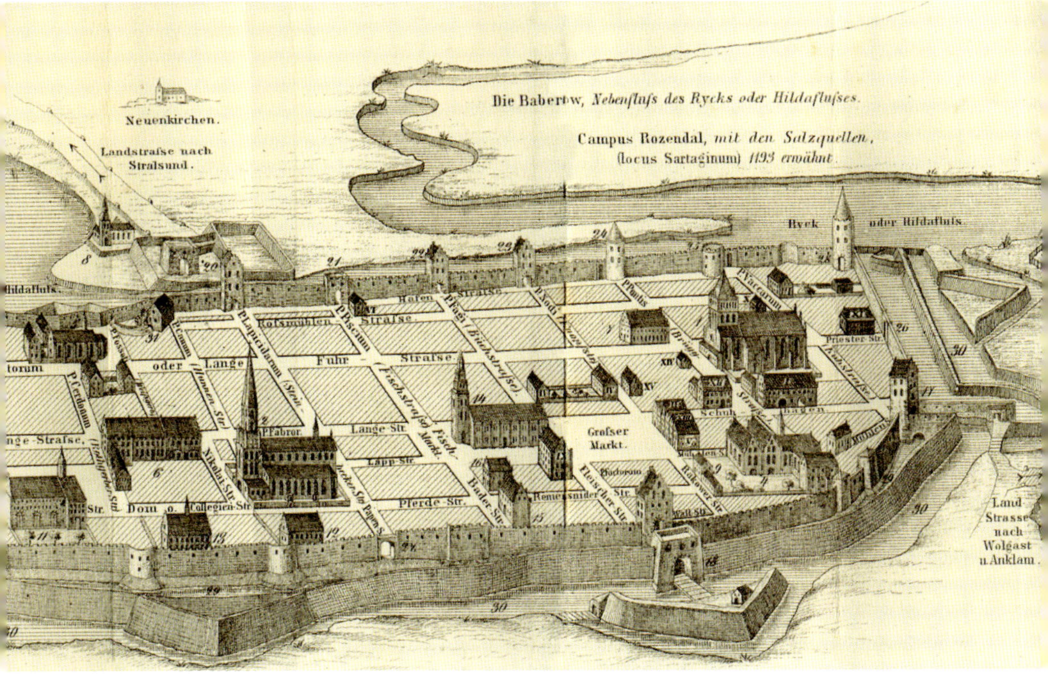

Abb. 7: Die älteste authentische Greifswalder Stadtansicht mit dem markanten, gedrungen wirkenden Baukörper der Marienkirche links, dem hohen, schlanken Turm der Nikolaikirche sowie der Jakobikirche der Neustadt ganz rechts. Aquarellierte Federzeichnung eines unbekannten Künstlers, um 1615

aus Richtung Stralsund dargeboten. So unscheinbar der Ryck sich uns heute darstellt, war er doch der Verbindungsweg zur Ostsee und damit wichtiges Element für den bedeutendsten Wirtschaftszweig der mittelalterlichen Hansestadt, den seewärts orientierten Fern- beziehungsweise Zwischenfernhandel. Auf der Zeichnung sind deutlich Schiffe und andere Fahrzeuge, die hölzernen Bollwerke an beiden Ufern sowie ein Schiffbauplatz am Nordufer des Ryck auszumachen. Mit großer Detailgenauigkeit bildete der Künstler die charakteristischen Bauwerke und Anlagen der Stadt ab und vermittelt so einen Eindruck von der Funktionalität, aber auch von der Ästhetik des Stadtorganismus. Ihr unverwechselbares Antlitz erhielt die mittelalterliche Stadt durch die ihre Dächer überragenden Türme und Dachreiter der Kirchen, der Bettelordensklöster, des Rathauses und der Fortifikationsanlagen.

Die Sakralarchitektur der mittelalterlichen Hansestadt ist die gleichsam monumentale Verkörperung von Religiosität und stadtbürgerlichem Selbstbewusstsein. Vor allem anderen waren die Kirchen ein Ort des Gottesdienstes, darüber hinaus hatten sie aber auch wichtige gesellschaftliche Funktionen für die Bürgergemeinde zu erfüllen. Die Weihetitel der drei Greifswalder Stadtkirchen folgten der in See- und Hansestädten häufig anzutreffenden Trias: Neben der der Gottesmutter geweihten Marien-

kirche finden wir die Nikolaikirche, deren Patron Handel, Schifffahrt und Fischerei schützte, sowie St. Jakobi, benannt nach dem Schutzheiligen der Pilger und Reisenden.

Eine der großartigsten Hallenkirchen Mecklenburg-Vorpommerns ist der in den 1270er Jahren begonnene, gedrungene Bau der Marienkirche im östlichen Teil der Greifswalder Altstadt (Abb. 8). Unter Wiederanknüpfung an ältere bauhistorische Forschungen (Ludwig Rohde 1940) gehen heutige Bauhistoriker (André Lutze) davon aus, dass St. Marien ursprünglich als Basilika konzipiert gewesen sein könnte, bevor wohl im ersten Viertel des 14. Jahrhunderts der Umbau zur dreischiffigen Halle erfolgt ist. Um 1400 war der Baukörper, die nur fünf Joche tiefe Halle mit geradem Ostabschluss und einem imposanten Schaugiebel, weitestgehend fertiggestellt. Später erfolgten einige An- und Umbauten. Der baulich mehrfach vor allem an seinem Obergeschoss und an seiner Spitze veränderte Westturm ragt nur vergleichsweise wenig über den First des mächtigen, die drei Schiffe der Halle zusammenfassenden Satteldaches hinaus.

Auch der Baubeginn der Nikolaikirche datiert in das letzte Drittel des 13. Jahrhunderts. Die ursprünglich fünfjochige, noch nicht eingewölbte, doch sicher bereits nutzbare Hallenkirche ist im ausgehenden 14. und im 15. Jahrhundert nach Osten um fünf Joche erweitert sowie durch Erhöhung des Mit-

Abb. 8: St. Marien mit der Nordostecke des Marktes, Postkarte um 1930

Abb. 9: St. Nikolai von Südwesten mit der barocken Turmhaube auf dem gotischen Oktogon

telschiffs zur Basilika umgebaut worden. Der einst nahezu 120 Meter hoch aufragende gotische Spitzhelm des als Seezeichen dienenden Turms wurde 1515 durch einen Sturm zerstört; die herabfallenden Trümmer zerschlugen die Gewölbe des Kirchenschiffs. Zwischen 1604 und 1609 in der ursprünglichen Form erneuert, stürzte die Turmspitze im Jahre 1650 aus gleicher Ursache erneut ein. Der gegenwärtige, niederländischen Vorbildern nachempfundene Barockhelm mit seiner immerhin noch fast 100 Meter hohen Spitze wurde im Jahre 1653 aufgesetzt (Abb. 9). Das Kircheninnere ist 1824–1833, ganz im Sinne des Historismus, neogotisch überformt worden. Diese ‚gotisierende' Restaurierung steht, von Kunsthistorikern recht unterschiedlich bewertet, als Beispiel für eine Synthese zwischen Elementen mittelalterlicher und klassizistisch-romantischer Formengebung. Durch die Erhebung zur Probsteikirche am Ende des 13. Jahrhunderts sowie zur Kollegiatskirche 1457 im Zusammenhang mit der Gründung der Greifswalder Universität erlangte St. Nikolai gegenüber den beiden anderen Stadtpfarrkirchen eine besonders herausgehobene Position. Seitdem sich nach dem Zweiten Weltkrieg die Pommersche Evangelische Landeskirche neu konstituiert hatte und Greifswald Bischofssitz geworden war, wird die Nikolaikirche wieder als Dom bezeichnet – wie gelegentlich auch schon zuvor.

Abb. 10: Domstraße mit St. Jakobi und St. Nikolai, um 1914. Der Turm der Jakobikirche trägt noch das 1955 durch einen Brand zerstörte Fachwerkzwischengeschoss.

Die Pfarrkirche der Neustadt, St. Jakobi, mit deren Bau ebenfalls in der zweiten Hälfte des 13. Jahrhunderts begonnen worden ist, entstand zunächst als zweischiffige chorlose Halle. Nach 1400 erfuhr das Langhaus eine Umwandlung zur dreischiffigen Halle unter gleichzeitiger Anfügung eines polygonalen Chores. Ein Turmbrand zerstörte 1955 das obere, in Fachwerk ausgeführte Turmgeschoss. Zehn Jahre später erhielt der Turm, unter Verzicht auf das Fachwerkgeschoss, sein heutiges Pyramidendach (Abb. 10).

Neben den großen Pfarrkirchen prägten auch die Klosterkirchen und Gebäude der Bettelorden sowie verschiedene Hospitäler das Bild der mittelalterlichen Stadt. Die besondere Aufgabe dieser Einrichtungen bestand außer in der Verbreitung der christlichen Lehre in der Seelsorge und der Kranken- und Armenpflege. Auf eine Schenkung des Grafen von Gützkow von wohl 1242 oder 1262 zurückgehend, wurde das – wegen der Ordenstracht der Mönche auch als ‚Graues Kloster' bezeichnete – Franziskanerkloster am südöstlichen Stadtrand gegründet. Vermutlich in den 1250er Jahren ließen sich die Dominikaner, auch ‚Schwarze' oder Predigermönche genannt, im Nordwesten der Stadt nieder. Auf der um 1615 entstandenen Stadtansicht (Abb. 7) sind die – zu jenem Zeitpunkt bereits säkularisierten – ehemaligen Ordensklöster gut zu erkennen. Nach der Reformation richtete die Stadt im östlichen Teil des früheren Franziskanerklosters 1561 eine ‚gelehrte Schule' ein, während der westliche Teil zur Armenanstalt beziehungsweise später, im 19. Jahrhundert, zu einem Altenheim umgebaut worden ist. Die Klosterkirche wurde 1789/90 abgebrochen. Vom einstigen ‚Grauen Kloster' hat nur das direkt neben der Stadtmauer gelegene sogenannte ‚Guardianshaus' die Zeitläufte überdauert. Der dreigeschossige Backsteinbau beherbergte seit 1929 das städtische Museum und ist seit dessen Schließung 1999 einbezogen in das im Aufbau begriffene Pommersche Landesmuseum.

Der an der nördlichen Stadtmauer gelegene und nach der Reformation zum Abbruch bestimmte Komplex des ‚Schwarzen Klosters' der Dominikaner wurde 1564 der Universität zugesprochen. Zwei Jahre später stürzte die Kirche ein. Bis 1856 wurden die letzten Gebäude abgerissen, um den Kliniks- und Institutsneubauten der Medizinischen Fakultät Platz zu machen.

Um Stätten der Barmherzigkeit, dem Gedanken der *caritas* und der geistlichen Versorgung der *pauperes Christi* verpflichtet, handelte es sich bei den mittelalterlichen Hospitälern, von denen es in Greifswald drei gegeben hat: Das urkundlich erstmals 1262 erwähnte, jedoch sicher ältere St. Spiritus- oder Heilig-Geist-Hospital befand sich außerhalb der ursprünglichen Altstadt unweit von St. Nikolai vor dem alten Stadtgraben. Die Kirche des Hospitals scheint bereits seit dem 14. Jahrhundert nicht mehr sakral genutzt worden zu sein. Begleitet von archäologischen und denkmalpflegerischen Untersuchungen, werden seit dem Sommer 2001 Sanierungsarbeiten an dem die baulichen Reste der Kirche bergenden Gebäude Lange Straße 51 durchgeführt. 1329 entstand vor dem Steinbecker Tor an der Ausfallstraße nach Stralsund ein zweites Heilig-Geist-Hospital, das 1631, kriegsbedingt, wieder abgebrochen worden ist. Der an der Langen Straße gelegene Gebäudekomplex des St. Spiritus-Hospitals hat in den vergangenen Jahrhunderten infolge wechselnder Nutzungsarten mannigfache Umbauten erfahren und ist seit 1990 Domizil für das Soziokulturelle Zentrum St. Spiritus.

Im östlichen Vorfeld der Stadt, vor dem Mühlentor, lagen das seit Beginn des 14. Jahrhunderts bezeugte St. Georgs- oder auch St. Jürgen-Hospital, welches sich vor allem der Pflege Aussätziger annahm, sowie das St. Gertruden-Hospital, eine Herberge für nach der abendlichen Schließung der Stadttore ankommende Reisende, dessen Existenz seit 1363 belegt ist. Die vor den Mauern der Stadt gelegenen Hospitäler, auf der um 1615 entstandenen Zeichnung noch erkennbar, sind im Dreißigjährigen Krieg zerstört worden.

Noch einmal: Die Klosterruine

Auch die Gebäude des Klosters Eldena, das den Beginn und den Stadtwerdungsprozess der späteren Hanse- und Universitätsstadt Greifswald markierte, überstanden den Dreißigjährigen Krieg nicht unversehrt. Durch Kriegseinwirkungen beschädigt, dienten die Klostergebäude im 17. und 18. Jahrhundert als Steinbruch zur Gewinnung von Mauerziegeln. Erst im 19. Jahrhundert, unter dem Einfluss von Historismus und Romantik, welche mit Mittelalterrezeption, denkmalpflegerischen Tätigkeiten und ernsthaften Bemühungen um die wissenschaftliche Er-

Abb. 11: Klosterruine Eldena. Westfassade der Kirche auf einer Postkarte vom Anfang des 20. Jahrhunderts

schließung der mittelalterlichen Architektur einhergingen, begann man mit den Arbeiten zur Sicherung und Erhaltung der Klosterruine Eldena, die noch heute die Großartigkeit der mittelalterlichen Anlage erahnen lässt.

Anmerkungen:

1 Biederstedt, Rudolf: Bevölkerung und Straßennamen im historischen Stadtkern, in: Feltkamp, Kurt / Rudolf Biederstedt: Greifswald. Stadtbild und Bevölkerung im Mittelalter (= Neue Greifswalder Museumshefte, H. 11), Greifwald 1983, S. 39 f.
2 Heyden, Hellmuth: Die Kirchen Greifswalds und ihre Geschichte, Berlin (DDR) 1965, S. 6
3 Zaske, Nikolaus und Rosemarie: Kunst in Hansestädten, Leipzig 1985, S. 81
4 siehe Zaske 1985, S. 41
5 Scherer, Franz: Die historische Entwicklung der Stadtbefestigung bis zu ihrem Verfall und teilweisen Abbruch im 18. und 19. Jahrhundert, in: Scherer, Franz / Hans-Georg Wenghöfer / Manfred Zielinski: Vom Festungswall zur Promenade, hg. vom Rat der Stadt Greifswald – Greifswald-Information, Greifswald [1989], S. 11 f.
6 Erdmann, Gustav / Rudolf Biederstedt: Greifswald, Rostock 1968, S. 72

Literatur:

Greifswald. Geschichte der Stadt, hg. von Horst Wernicke im Auftrag der Hansestadt Greifswald, Schwerin 2000

S. philippus.
S. clara.
S. thomas.
S. petrus.
S. simon.
S. iacobus.
S. anthonius.
S. georgius.
S. iohannes.
S. paulus.
Renovirt 1878
S. ambrosius.
S. gregorius.
Salvator Mundi.

Norbert Buske

Wege zum Glauben

Religion im Spiegel mittelalterlicher Bilder

Semlower Altar, Mitte 15. Jahrhundert, jetzt in der Stralsunder Marienkirche, *siehe S. 62, 63*

Wenn wir den Geist jener Epoche, in der bedeutende Kathedralen in ganz Europa emporwuchsen, für eine kleinere Region, das Gebiet Vorpommern, in einigen Bild- und Geschichtszeugnissen darzustellen versuchen, dann erkennen wir die Widerspiegelung allgemeiner religiöser Vorstellungen, die bis heute die Kulturlandschaft auch dieses Landesteiles prägen.

Anfang des 12. Jahrhunderts begann die Christianisierung Vorpommerns. Zu nennen sind die zweite Missionsreise des Bischofs Otto von Bamberg, der 1128 vom Pommernfürsten

Abb. 1: Ein 1928 errichtetes Denkmal auf dem Schlossberg auf Usedom erinnert an die zweite Missionsreise des Bischofs Otto von Bamberg 1128

Wartislaw in das kurz zuvor eroberte Peenegebiet gerufen worden war, und die Eroberung Rügens 1168 durch Waldemar I., den König der Dänen, begleitet von seinem auch militärisch gut geschulten Roskilder Bischof Absalon. Die hier zu betrachtende Region wuchs aus zwei Bereichen zusammen: dem Peenegebiet, dem Siedlungsgebiet des slawischen Stammesverbandes der Luitizen, und Rügen, dem Gebiet der Ranen, der Rügenslawen. Die Ranen hatten begonnen, festere politische Strukturen auszubilden, und vermochten sich einige Jahrzehnte länger als die Luitizen der Christianisierung zu widersetzen.

Zur Christianisierung des Peenegebietes und der Rügenslawen

Die Christianisierung des Peenegebietes ergab sich aus dem Vorstoß des Pommernfürsten Wartislaw nach Westen. Er versuchte, in dem eroberten Gebiet seine Herrschaft durch die Einführung des Christentums zu sichern und rief den ihm von der ersten Missionsreise bekannten Bamberger Bischof zur Durchsetzung dieser Aufgabe ins Land. Auf der in Usedom zusammengerufenen Versammlung der slawischen Edlen wurde nach einer eindringlichen Ansprache des Bischofs die Einführung des Christentums beschlossen. Zur Erinnerung an dieses denkwürdige Geschehen hat man 800 Jahre später am vermutlichen Ort dieser Versammlung ein Kreuz errichtet. Es steht auf dem sich auch heute noch deutlich aus der Landschaft heraushebenden sogenannten Schlossberg, am Rande der Stadt Usedom (Abb. 1). Auf dem Sockel des Denkmals wurde 1928 eine Tafel angebracht, die neben dem geschichtlichen Hinweis auf die Annahme des Christentums ein Zitat bietet, das nach den Lebensbeschreibungen des Bischofs Otto von Bamberg einen Kernsatz seiner Predigten wiedergibt. „Gott will nicht erzwungenen, sondern freiwilligen Dienst." Wir hören diesen Satz, dem wir bereitwillig zustimmen, vor dem Hintergrund unserer heutigen Vorstellungen von Toleranz und individueller Freiheit und können davon ausgehen, dass ein ähnliches Verständnis bereits im Jahr 1928 die Wahl dieses Satzes für das Denkmal bestimmt hat.

Unsere heutige Sicht führt allerdings zu Missverständnissen und ist weit entfernt von dem, was vor über 800 Jahren mit diesem Satz gemeint war. Es ging hier nicht um Toleranz oder eine freie Wahlmöglichkeit des Einzelnen, sondern um die Zuspitzung eines alles umfassenden Anspruchs. Erzwungener Gehorsam reichte für den geforderten Dienst nicht aus. Dieser Gott erwartete mehr. Er verlangte eine an keine Bedingung, an keinen Vorbehalt geknüpfte Zustimmung aus eigenem Antrieb. Er begnügte sich nicht mit einzelnen Dienstleistungen. Er forderte die Seele des Menschen – allerdings nicht, um sie zu zerstören, sondern um ihr Anteil an sich selbst zu gewähren.

Indem die Notwendigkeit subjektiver Bereitschaft für den Dienst, der Gott zu leisten war, so nachdrücklich herausgestellt wurde, erfuhr der Einzelne zugleich eine beträchtliche Aufwertung seiner Person. Er war nicht mehr Spielball des Schicksals und dem Zufall ausgeliefert, sondern konnte sich durch seine von ihm selbst bejahte Eingliederung in eine vorgegebene, alles umfassende Weltordnung an der Entfaltung dieser Ordnung beteiligen.

Dieser umfassende Anspruch unterschied sich grundsätzlich von den heidnischen Vorstellungen, nach denen sich der Mensch zu seiner Selbstbehauptung mit Mächten, deren Ziele kaum verständlich waren, durch Opfer zu arrangieren hatte. Das galt nicht nur für die unmittelbare Realität, sondern auch für die von der Wirklichkeit keineswegs deutlich geschiedene Welt der Dämonen und der Toten. Den Wert des Einzelnen in der heidnischen Welt bestimmte der Zufall, der Einzelne selbst war an seiner Wertsetzung kaum beteiligt. Es blieb ihm nichts weiter übrig, als alle Kräfte darauf zu verwenden, um sich in einer Welt, deren Ordnung allenfalls in ersten Ansätze erkennbar wurde, so gut es ging zu behaupten.

Der neue, alles fordernde Anspruch des Gottes der Christen war dagegen eingebettet in eine Himmel und Erde, Zeit und Ewigkeit umfassende Weltordnung. Das Erkennen dieser Weltordnung und die willige Eingliederung in ihr Gefüge waren unauflösbar miteinander verbunden. Es gab keinen Standpunkt außerhalb dieser Ordnung, von dem aus eine Beurteilung möglich gewesen wäre. Allenfalls gab es Bereiche, die noch zu ordnen waren und zu ihrem eigenen Heil in die göttliche Ordnung eingegliedert werden mussten. Das konnte auf unterschiedliche Art geschehen, durch Gewalt oder Überzeugung. Dabei erscheint die Gewalt als der einfachere, als der raschere Weg zur Eingliederung. Bischof Otto hat sich nicht gescheut, den schwierigeren, friedlichen Weg zu wählen. Er hat dabei die in einem umfangreichen Begleittross zur Schau gestellte Überlegenheit in die Waagschale geworfen, wohl wissend, dass die tatsächliche militärische Durchsetzung des Zieles durch den Fürsten wahrgenommen wurde. Andere haben nicht so sorgfältig differenziert und die zu leistende Überzeugungsarbeit unmittelbar mit einem Kriegszug verbunden. Für diese gewaltsame Art des Vorgehens bietet die Christianisierung Rügens das Beispiel.

Trotz dieser bemerkenswerten Unterschiede bei der Durchsetzung der Christianisierung, wie sie uns in den Gestalten der Bischöfe Absalon von Roskilde und Otto von Bamberg deutlich werden, bleibt es bei einer grundsätzlichen Übereinstimmung im Umgang mit den heidnischen Göttern. Als Bischof Otto von Bamberg nach der Beschlussfassung in Usedom weitere wichtige Stätten aufsuchte, um dort Kirchen zu weihen, kam er auch nach Gützkow. Dort hatte man kurz zuvor den Tempel neu errichtet und kunstvoll verziert. Um nicht nach so kurzer Zeit wiederum Mühe und Lasten eines Neubaus auf sich nehmen zu müssen, baten die Gützkower den Bischof, ihren neuen Tempel zu schonen und als Kirche zu weihen. Bischof Otto wies diesen Vorschlag mit Entschiedenheit zurück und ließ den Tempel abtragen. Jeder Anknüpfungspunkt, jede Erinnerung an die alte Götterverehrung war zu beseitigen. Anstelle des Tempels wurde eine Kirche errichtet, möglicherweise auf demselben Platz. Die Macht der alten Götter war gebrochen. Nun galt es, die Macht des alleinigen Gottes zu dokumentieren und seine Gegenwart im Gottesdienst darzustellen.

Der Roskilder Bischof Absalon verfuhr in gleicher Weise. Als er die Tempelburg Arkona 1168 erobert hatte, stießen die Sieger das hölzerne Bild des Gottes Swantevit vom Sockel, schleppten es ins Freie, zerhackten es und schoben die einzelnen Scheite ins Feuer unter die Kessel, in denen das Siegesmahl gekocht wurde. Das war ein allen verständliches Sinnbild für die Ohnmacht der nun endgültig überwundenen slawischen Götterwelt. Das Alte Testament bot für den Umgang mit den besiegten heidnischen Göttern deutliche Vorbilder. Um dem alleinigen Gott ohne jeden Vorbehalt dienen zu können, mussten die alten Götterbilder, die Götzenbilder, zerstört werden.

Abb. 2: Ein slawischer Grabstein aus der ersten Hälfte des 12. Jahrhunderts zeigt in Ritzzeichnung einen Krieger mit Lanze, über ihm ist in anderer Technik ein Kreuz eingemeißelt. Jetzt ist der Stein im Chorumgang der Petrikirche in Wolgast eingemauert.

Dort, wo sich die Missionare an heidnischen Kultstätten festsetzten, alte sakrale Plätze dem Christentum weihten und auf diese Weise in einem neuen, viel umfassenderen Sinne heiligten, pflanzte man das Kreuz als Siegeszeichen ein. Heidnische Grabsteine wurden in die neu errichteten Kirchen eingemauert. Das bekannteste Beispiel ist der seit dem 16. Jahrhundert irrtümlich als Swantevitstein bezeichnete, in der Kirche von Altenkirchen eingemauerte Grabstein, der mit dem zerstörten Tempel auf Arkona in Verbindung gebracht wird. Manches spricht dafür, dass er dem während der Christianisierungsphase der Insel Rügen gestorbenen Rügenfürsten Tezlaw zugeordnet werden kann. Andere slawische Grabsteine hat man bei späteren Um- und Anbauten zu den Fundamentsteinen geworfen. Ein in vielerlei Hinsicht bemerkenswertes Beispiel kam 1920 bei Wiederherstellungsarbeiten an der Südkapelle der Petrikirche in Wolgast zu Tage

Abb. 3: Neben der slawischen Götterwelt fanden auch religiöse Bräuche der Fremden aus dem Norden ihren Platz. Schiffssetzungen in Menzlin, westlich von Ziethen bei Anklam, 8./9. Jahrhundert

(Abb. 2). Der bei dieser Gelegenheit gefundene Stein wurde als ein eindrückliches Zeugnis für die Christianisierung des Gebiets im Innenraum der Kirche, im östlichen Teil der Südwand, eingemauert. Er zeigt in Ritzzeichnung einen Krieger, der eine Lanze in seiner Hand hält. Über ihm wurde später in anderer Technik ein Kreuz eingemeißelt.

Im Vergleich zu den Ansprüchen des alleinigen Gottes der Christen, dessen Kreuz man allen und allem aufprägte, waren die Ansprüche, die von den slawischen Göttern gegenüber den Menschen erhoben wurden, anders geartet. Doch auch ihre

Forderungen wogen schwer. Als Gegenleistung für ihre Hilfen und ihr Wohlverhalten hatte man Opfer darzubringen, die keineswegs gering waren. Im Blick auf gelegentliche Menschenopfer stieß man dabei an die Grenzen des überhaupt Möglichen. Diese Götter waren in ihren Handlungen nicht berechenbar. Manchmal waren diese Götter freundlich, oft aber auch launisch, und konnten den Menschen – wenn sie es denn wollten – vernichten. Ein umfassendes Ziel der Erlösung, sowohl des Einzelnen als auch der ganzen Welt, wie es nach christlichem Glauben durch Christus ins Werk gesetzt worden war, blieb jenseits aller Vorstellung. Der Gott der Christen war kein Gott neben anderen Göttern. In ihm ruhte der gesamte Kosmos. Für diesen Gott konnte es keine Konkurrenten geben. Wer sich ihm widersetzte, war verloren. Er ließ sich nicht durch Opfer beschwichtigen. Nur in einer freiwilligen, bedingungslosen Unterwerfung konnte sich eine zum Heil führende Begegnung mit diesem alleinigen Gott vollziehen.

Die Rolle, die von den slawischen Göttern wahrgenommen wurde, unterschied sich von der des Christengottes beträchtlich. Die slawischen Götter waren nicht konkurrenzlos. Sie herrschten in bestimmten Regionen, einzelne waren für spezielle Wünsche und Nöte zuständig. Andere Stämme hatten andere Götter. Durch Kriegszüge und Handelsverbindungen wusste man von diesen anderen Göttern. An größeren Handelsplätzen lebten und arbeiteten gelegentlich auch Handwerker aus anderen Gegenden neben den Einheimischen. Die steinernen Schiffssetzungen in Menzlin, einem alten Handelsplatz westlich von Anklam, zeigen Bestattungen aus dem nordischen Bereich, die sich von denen der Slawen deutlich unterschieden (Abb. 3). Sie verweisen darauf, dass neben den slawischen Gottesvorstellungen auch religiöse Bräuche der Fremden ihren Platz fanden. Man nahm die Vielgestaltigkeit der Götterwelt hin, so wie man eine Landschaftsgliederung hinnimmt. In der Begegnung mit anderen Handelsleuten und Handwerkern respektierte man deren Götter, solange die Fremden ihre Götter lediglich für ihren Bedarf nutzten und dabei die für das Territorium zuständigen Gottheiten nicht in Frage stellten. Das galt auch für Christen. Kritisch wurde es für sie erst, wenn sie zu missionieren versuchten.

Das hier skizzierte Verhalten der Slawen fremden Göttern gegenüber entsprach dem, was auch anderenorts unter vergleichbaren Bedingungen zu beobachten ist. Ähnlich dem Satz „vom freiwilligen Dienst", der Otto von Bamberg zugeordnet wurde, hatte auch dieser Umgang mit anderen Göttern nichts mit unseren modernen Vorstellungen von Toleranz und individueller Freiheit zu tun. Es handelte sich vielmehr um das Hinnehmen einer gegebenen Vielgestaltigkeit der Welt, für die es noch keine Gesamtschau gab, die alle Völker, Regionen und Erscheinungen zusammenfasste. Was uns heute als Toleranz erscheint, entsprach der damaligen Stufe der religiösen Entwicklung. Die vielgestaltige Wirklichkeit war noch keinem übergeordneten Prinzip unterworfen. Im Verlauf der wiederholten Begegnungen mit dem Christentum wurde dies den Slawen durchaus als ein Mangel bewusst, den es im Blick auf die Selbstbehauptung gegenüber dem Christentum auszugleichen galt.

Die Christianisierung der slawischen Stämme des Peenegebiets und der Rügenslawen hat eine lange vielfältige Vorgeschichte. Wir beschränken uns hier auf einige Hinweise zur rügischen Geschichte. Die Rügenslawen waren die letzten, die das Christentum annahmen. Nach der Christianisierung des Peenegebiets bildeten sie die letzte Bastion des Heidentums. Alle ihre Nachbarn und Partner bekannten sich inzwischen zum Christentum. Das konnte nicht ohne Rückwirkungen auf die eigene Entwicklung bleiben. Die Rügenslawen spielten neben den Dänen eine wichtige Rolle im südlichen Ostseebereich. Sie waren gesuchte Handelspartner und gefürchtete Piraten. Es ergab sich ein in manchen Einzelheiten schwer durchschaubares Geflecht zwischen den Rügenslawen und ihren Nachbarn.

Bereits 1136 hatte der Dänenkönig Erich II. in einem Kriegszug gegen die Ranen Arkona erobert. Erich verschonte jedoch den Tempel. Er begnügte sich mit Geiseln und der Verpflichtung zur Annahme des Christentums. Sobald der König die Insel verlassen hatte, verjagten die Ranen die zurückgelassenen Missionare und blieben bei ihrem Glauben. Die dänischen Thronwirren verschafften in der Folgezeit den Ranen eine längere Atempause. Als König Sven von Dänemark um Bundesgenossen bei den innerdänischen Streitigkeiten warb, sandte er an die Ranen einen silbernen Becher, eine besonders schöne Arbeit. Sie fügten den Becher als Weihegeschenk dem Tempelschatz ihres Gottes Swantevit hinzu. Bei den Feldzügen der Dänen ins Peenegebiet mussten die Ranen Heerfolge leisten. Dabei war es unerheblich, dass sowohl die Dänen als auch die pommerschen Fürsten bereits Christen waren, während die rügischen Gefolgsleute der Dänen noch im Heidentum verharrten. Andererseits suchten die Ranen Unterstützung gegen die Dänen bei Heinrich dem Löwen. Vor diesem Hintergrund wird es verständlich, dass die Rügenfürsten Tezlaw und Jaromar 1163 in Lübeck an der Domweihe teilnahmen. Damals war der Einfluss der heidnischen Priester auf Rügen, dem Herrschaftsbereich dieser beiden Fürsten, noch ungebrochen. Die rügischen Fürsten bekannten sich noch zur slawischen Religion.

Da die heidnischen Slawen, auch die Ranen, keine schriftlichen Zeugnisse hinterlassen haben, sind wir nur unzureichend durch Berichte anderer über Einzelheiten der slawischen Religion unterrichtet. Dabei gewinnt man allerdings den Eindruck, dass sich bei der Stabilisierung des Swantevitkultes in der ersten Hälfte des 12. Jahrhunderts in strukturellen Fragen Parallelbildungen zur Kirche jener Zeit ergeben haben. Verwiesen sei auf die Ordnung der Tempelabgaben und den umfangreichen Grundbesitz, der zu den Tempeln gehörte. Es ist nicht abwegig, wenn wir davon ausgehen, dass dieser Tempelbesitz nach der Christianisierung der Insel zur Ausstattung der neuen Kirchen genutzt wurde. Viele der rügischen Kirchen verfügten im Vergleich zu anderen in jener Zeit errichteten Kirchen über einen auffällig großen Grundbesitz.

Die Voraussetzungen für die Christianisierung der Insel waren längst von den Ranen selbst, ohne dass es ihnen im Einzelnen bewusst gewesen wäre, vorbereitet worden. Ihre Fürsten hatten erkannt, dass sie nur als Christen in einem christlichen Land zu gleichberechtigten Partnern der Herrscher in den benachbarten Gebieten wurden. Es kam den Rügenfürsten offenbar gelegen, dass sie mit der Christianisierung die konkurrierende Priesterherrschaft abschütteln konnten. Als christliche Herrscher wurden sie zugleich anerkannte Schirmherren der Kirche in ihrem Herrschaftsbereich.

Nach dem Fall der Tempelfestung Arkona – die Rügenfürsten waren nicht zum Entsatz der Festung herbei geeilt – stellte sich die weitere Eroberung der Insel eher als eine Inbesitznahme dar. Absalon weihte die ersten, rasch errichteten Kirchen und schuf damit die Grundlage der neuen kirchlichen Ordnung. Sie war mit der neuen Herrschaftsordnung im weltlichen Bereich eng verknüpft. Nachdem weltliche und kirchliche Zuordnungen unter der dänischen Oberhoheit ihre Anerkennung gefunden hatten, wurde der Rügenfürst Jaromar – seit 1170 Alleinherrscher des Fürstentums – selber zum Missionar der Rügenslawen. Er führte das Volk „durch Überredung und mit Gewalt" – wie es in einer Chronik heißt – dem Christentum zu.

Die Christianisierung des Gebiets bot allerdings keinen Schutz vor neuen Kriegszügen. Im Jahr 1147 wurde ein Kreuzfahrerheer ausgerüstet, um die Slawen zu bekehren. Man stieß – nicht zum ersten Mal – bis zur Peene und dann bis zur Oder vor. Kreuzfahrer belagerten die offiziell bereits christlich gewordenen Zentren Demmin und Stettin. Der pommersche Bischof Adalbert trat diesen Kreuzfahrern vor Stettin entgegen und vermochte, sie zum Abzug zu bewegen. Weitere, nicht mehr religiös begründete Kriegszüge, die vor allem das Peenegebiet heimsuchten, folgten. Sie führten schließlich auch hier zur dänischen Oberhoheit, die erst 1227 nach der Schlacht bei Bornhöved zusammenbrach. Danach wurde Pommern endgültig Bestandteil des Heiligen Römischen Reichs Deutscher Nation.

Zur Entfaltung christlicher Vorstellungen

Nur langsam setzte sich das Christentum in der slawischen Bevölkerung fest. Überlagert wurde dieser mühsame Durchdringungsprozess vom Zustrom deutscher Siedler. Die slawischen Fürsten hatten sie zur Urbarmachung und Erschließung des Landes herbeigerufen. Diese Einwanderung vollzog sich in mehreren Schüben und schwoll in den ersten Jahrzehnten des 13. Jahrhunderts beträchtlich an. In bisher unerschlossenen Gebieten entstanden Dörfer, gelegentlich auch parallel zu bereits bestehenden slawischen Siedlungen. Dazu musste der Wald gerodet werden. Beträchtlichen Anteil an der Erschließung des Landes hatten die Feldklöster. An Plätzen, die für den Handel wichtig waren, wurden Städte nach deutschem, nach lübischem Recht gegründet. Gelegentlich schloss man sich – wie bei Demmin – an bereits bestehende Märkte und Handelszentren an. Oft wählte man neue, für den Handel günstig gelegene Plätze an Flussmündungen und in Küstennähe. Verwiesen sei auf die Städte Stralsund und Greifswald.

Die slawischen Einwohner assimilierten sich rasch. Im Peenegebiet, dessen Bevölkerung sich auf Grund der vielen Kriegszüge im 12. Jahrhundert beträchtlich vermindert hatte, vollzog sich diese Entwicklung rascher als auf der bevölkerungsreicheren Insel Rügen. Dort hielt sich die slawische Sprache noch für geraume Zeit. Im Jahr 1410 starb auf Rügen die letzte slawisch sprechende Frau. Daraus darf man jedoch nicht schließen, dass sich die deutsche Sprache nur langsam durchgesetzt hätte. An den Fürstenhöfen gehörte Deutsch seit langem zum guten Ton. Der Rügenfürst Wizlaw III., mit dem das rügische Fürstenhaus 1325 ausstarb – Rügen fiel daraufhin an die pommerschen Herzöge –, gehörte zu den Minnesängern. Lieder in deutscher Sprache sind von ihm überliefert.

Die deutschen Siedler brachten aber nicht nur ihre Sprache und Kultur, sondern auch die ihnen vertrauten, in jener Zeit bevorzugten Heiligen mit und weihten ihnen die neu errichteten Kirchen. Eigene kirchliche Traditionen konnten sich unter diesen Umständen in dem ehemals slawischen Bereich kaum ausbilden. Selbst die Verehrung des heilig gesprochenen Missionars Otto von Bamberg – er wurde später als der Apostel der Pommern bezeichnet – entfaltete sich erst auf Grund der durch das pommersche Fürstenhaus im 14. Jahrhundert wieder gezielt aufgegriffenen Erinnerung an ihn.

Die sich abzeichnende Kirchengliederung bietet einen Hinweis auf die allgemeine, rasch vorangetriebene Erschließung des Gebiets. Bereits Ende des 13. Jahrhunderts war die Strukturierung des Landes in Kirchspiele im wesentlichen abgeschlossen. In jedem größeren Dorf wurden die noch heute das Landschaftsbild prägenden Pfarrkirchen aus Feld- und Ziegelsteinen errichtet. In den folgenden Jahrhunderten füllte man das dichte Kirchspielnetz durch Filialkirchen und Kapellen weiter auf. Auch in den Städten wuchsen große Kirchen empor, vor denen sich die Menschen klein vorkommen mussten. Später wetteiferten die Städte um die Höhe ihrer Kirchtürme, die – wenn man über die Ostsee kam – schon von weitem sichtbar waren. Hinzu kamen Kloster- und Hospitalkirchen. Rechnen wir ferner die Rat- und Bürgerhäuser sowie die Stadtmauern mit ihren Toren und Türmen hinzu, dann ergibt sich für jene Jahrhunderte eine Bauleistung, die wir nur mit Erstaunen und Hochachtung zur Kenntnis nehmen können.

Abb. 4: Gottvater und Sohn thronen als Weltenrichter über dem in der Apokalypse beschriebenen Regenbogen (Offb. 4,3). Kirche von Görmin, Ende 14. Jahrhundert, Ausschnitt aus Abbildung 5

In diesen Kirchenbauten stellte sich nicht nur die Kirche als die bestimmende, das gesellschaftliche Leben prägende Institution dar, auch die ständisch gegliederten Gemeinden fanden in den Kirchengebäuden ihre Selbstdarstellung. Kirchliche und weltliche Gemeinden waren deckungsgleich und in ihren unterschiedlichen Bezügen auf das Engste miteinander verflochten. Die Gotteshäuser bildeten nicht nur das religiöse, sondern auch das geistige, kulturelle und soziale, in mancher Hinsicht auch rechtliche Zentrum der Gemeinden. Das galt für die dörflichen Gemeinden genauso wie für die städtischen. In den Kirchenbauten und ihren Ausstattungen fand eine alle und alles umfassende Ordnung ihre anschauliche Darstellung. Die Himmel und Erde umfassende göttliche Heilsgeschichte wurde dem Betrachter in den eindrücklichen, mit Bildern ausgestatteten Kirchenräumen veranschaulicht und nahe gebracht. Viele dieser seit dem 16. und 17. Jahrhundert übertünchten, mittelalterlichen Ausmalungen sind inzwischen wieder freigelegt, so auch seit den 1950er Jahren die Wand- und Gewölbemalereien der Pfarrkirche von Görmin.

Abb. 5: Das Jüngste Gericht, die Scheidung der Auferstandenen in Selige und Verdammte. Mittelalterliche Gewölbe- und Wandmalerei im Chor der Kirche von Görmin, Ende 14. Jahrhundert

In den Gewölben des Chores (Abb. 4–7) bieten sich Gottvater und der gekreuzigte Christus als Weltenrichter und Erlöser dar. In Anlehnung an die Beschreibung in der Apokalypse hält Gottvater Schwert und Kreuz mit der Lilie in den Händen. Zur rechten Seite des Weltenherrschers versammeln sich die zum Jüngsten Gericht auferstandenen Gerechten und werden zur Himmelspforte geleitet. Dabei spielt der Erzengel Michael als Seelenwäger eine entscheidende Rolle. Die Auferstandenen, von ihm gewogenen und als zu leicht befundenen Seelen werden auf der linken Seite von Teufeln mit Ketten in den Höllenrachen hineingeschoben und in der Hölle gepeinigt (Abb. 6, 7). Die große Gleichnisrede Jesu vom Weltgericht, die im Matthäusevangelium (Mt. 24, 3–31) wiedergegeben wird, findet hier eine Veranschaulichung nach den Vorstellungen jener Zeit. An den Wänden darüber und darunter bieten sich Apostel und Heilige als Helfer zur Erfassung der Glaubensaussagen und als Fürsprecher bei Gott dar.

Die Bilder des Jüngsten Gerichts, die auch die Höllenstrafen ausführlich und detailliert schildern, unterstreichen immer die Bedeutung, die der Glaubende vor Gott hat. Gott schaut auf den Glauben jedes einzelnen und die aus ihm folgenden guten Werke, nicht auf die jeweilige Stellung des Menschen, seinen Rang oder Reichtum, den er während des irdischen Lebens erworben hat. Unter denen, die in den Höllenrachen hineingetrie-

Abb. 6: Der Erzengel Michael geleitet die Seligen zur Himmelspforte, wo sie bereits von Christus empfangen werden. Kirche von Görmin, Ende 14. Jahrhundert, Ausschnitt aus Abb. 5

Abb. 7: Die Verdammten werden von den Teufeln in den Höllenrachen getrieben. Ausschnitt aus Abb. 5

ben werden, befinden sich auch Könige und Fürsten, Bischöfe und Mönche. Vor Gott haben sie gegenüber dem einfachen Mann keinen Vorteil. Die in eine umfassende Weltordnung eingegliederte, unverwechselbare Person jedes einzelnen gewinnt einen in dieser Konsequenz bislang nicht erkannten Wert. Durch die aus dem Glauben folgenden guten Werke bestimmt nun der Einzelne sich selbst.

Abb. 8: Groteske Köpfe in den Gewölbezwickeln im Chor der ehemaligen Klosterkirche Verchen, Ende 15. Jahrhundert

Der Glaubende bleibt dabei jedoch nicht sich selbst überlassen. Heilige, unter ihnen an erster Stelle Maria, die Mutter des menschgewordenen Gottes, stehen ihm mit ihrem Trost und ihrer Fürbitte zur Seite. Die Fürsprache der Heiligen kann an den Stätten ihrer Wunder und den Orten, an denen ihre Gebeine und andere Reliquien aufbewahrt werden, besonders nachhaltig erbeten werden. Hinzu kommen die von den Bischöfen verliehenen Ablässe, mit denen man die Strafen des Fegefeuers verringern konnte. Man scheute keine Mühen und nahm als Pilger auch Gefahren weiter Reisen in Kauf, um diese Gnadenstätten, die Wallfahrtsorte, aufzusuchen. Aus diesen Reisen ergab sich eine Weltläufigkeit, die für die Verbreitung von Kenntnissen und die Pflege der Verbindungen von beträchtlicher Bedeutung war.

Neben den Heiligen und Erzengeln gab es – allerdings auf einer etwas niedrigeren Stufe – das dunkle Dickicht, in dem die Dämonen ihr Wesen und Unwesen trieben. Gute und böse Geister bekämpften sich untereinander, stellten sich aber auch in den Dienst derer, die mit ihnen paktierten. Sie kamen aus der heidnischen Welt und entsprachen den alten Urängsten der Menschen. Die Kirche gliederte auch diese Welt der Dämonen in die alles umfassende Ordnung ein und stellte Vertreter der vielgestaltigen Geisterwelt nach Bedarf in ihren Dienst. Gute Geister schützten den sakralen Bereich vor bösen Geistern, die in ihn einzudringen versuchten. Für besonders gefährdet hielt man die Eingänge in die Kirchen und andere Schlupflöcher. Das galt auch für die Entlüftungsöffnungen in den Gewölbezwickeln. Die Löcher wurden mit grotesken Köpfen ummalt und bilden deren aufgerissene Münder. Man glaubte, dass, sobald sich ein anderer aus der Geisterwelt durch dieses Loch in die Kirche zwängen wollte, er in den Mund eines dienstbaren Dämons geraten und von ihm sofort verschlungen würde. Die grotesken Köpfe im Altarraum der ehemaligen Klosterkirche in Verchen vom Ende des 15. Jahrhunderts bieten dafür ein ausdrucksstarkes Beispiel (Abb. 8).

Die Himmel und Erde – einschließlich der gesamten Geisterwelt – umfassende, Zeit und Ewigkeit gliedernde Weltordnung fand ihre anschauliche Darstellung nicht nur in den Bildern der Heilsgeschichte, sondern auch in den ebenfalls anschaulichen Zeugnissen wissenschaftlicher Erkenntnis. Man berechnete den Stand der Sonne und des Mondes, den Lauf der Jahreszeiten sowie die Bewegungen der Planeten. Astronomische Uhren wurden gebaut. Sie zeigten nicht nur die Uhrzeit, sondern auch das aktuelle Tierkreiszeichen, die Mondphasen, den Auf- und Untergang von Sonne und Mond, die Dauer des Jahres und annähernd genau auch das Datum. Die Art der Stundenzählung veränderte sich. Hatte man bisher den Tag vom Sonnenaufgang bis zum Sonnenuntergang in gleiche Stundenzahlen gegliedert, so dass die einzelnen Stunden im Sommer etwa doppelt so lang waren wie im Winter, begann man im 14. Jahrhundert, den Tag gleichbleibend in 24 Stunden zu unterteilen.

In der Stralsunder Nikolaikirche blieb eine im Jahr 1394 von dem Meister Nikolaus Lillienvelt geschaffene astronomische Uhr erhalten (Abb. 9). Er muss ein Wissenschaftler von hohem Rang gewesen sein. Hinter dem großen Zifferblatt verbirgt sich ein erstaunlich kleines, einfaches Werk, das die komplizierten Anzeigen regelte. Lange Zeit meinte man nach einem Blick hin-

Abb. 9: Die astronomische Uhr in der Kirche St. Nikolai in Stralsund von 1394 gibt weit mehr als den Stundenverlauf des Tages an. So kann man zum Beispiel die Jahreszeiten, die Tierkreiszeichen und die Mondphasen ablesen.

ter das Zifferblatt, das Uhrwerk sei ausgebaut und verloren gegangen. Erst Ende der 1980er Jahre ergab eine genauere Untersuchung, dass der kleine, hinter dem Zifferblatt befindliche Kasten das nahezu vollständig erhaltene Uhrwerk birgt. Es gibt noch einige dieser monumentalen astronomischen Uhren aus jener Zeit – die Stralsunder Uhr gilt als die am vollständigsten erhaltene. Im unteren Teil der Schauseite hat sich wahrscheinlich der Schöpfer dieses Uhrwerkes darstellen lassen (Abb. 10). Spruchbänder auf dem künstlerisch ausgestalteten Zifferblatt verweisen ferner auf den Astronomen Ptolemäus, auf König Alfons V. von Kastilien, der den Lauf der Planeten präzisierte sowie auf weitere bedeutende Astronomen.

Diese Uhr in der Stralsunder Nikolaikirche wurde zwischen den östlichen Chorpfeilern hinter dem Hochaltar mit der Schauseite zum Chorumgang aufgestellt. Unter dem Zifferblatt befinden sich zwei Bilder mit Männern, die jeweils eine Tür öffnen beziehungsweise schließen, Sinnbilder von Morgen und Abend. Auf dem Spruchband des ersten steht: „Nächst Gott sind Sonne und Mond der Ursprung aller Geschöpfe."

Abb. 10: Vermutlich zeigt die Figur im unteren Teil des Uhrwerks der Stralsunder astronomischen Uhr den Schöpfer des komplizierten Mechanismus, Meister Nikolaus Lillienvelt.

Durch eine astronomische Uhr ist der Kosmos, soweit er sich dem Verstand als berechenbare Größe erschließt, darstellbar. In der Bewegung der Gestirne vermag der forschende Geist des Wissenschaftlers die alles bestimmende Weltordnung zu erfassen. Diese Sicht der Welt ist keineswegs geringer zu bewerten als das Betrachten des Heilsgeschehens, das mit den Bildern des Hauptaltars verdeutlicht wird. Im Blick auf die von Gott geschaffene, umfassende Weltordnung ist die exakte Berechnung der Bewegungsabläufe der Gestirne gleichsam die Rückseite ein und derselben Medaille. Doch auch diese Betrachtung der Welt steht nicht jenseits der zwangsläufig gegebenen moralischen Bewertung unseres Lebens. Auf dem Spruchband des anderen Mannes, der auf der gegenüberliegenden Seite die Tür wieder schließt, steht: „Der Tag, welcher in der Frühe reiche Gaben bietet, endet oft übel." Dieser Ausspruch gehörte sicherlich mit zu den Lebensweisheiten des Meisters Lillienvelt und wurde vielleicht auf seinen Wunsch hin eingefügt.

Die astronomische Uhr in Stralsund ist nur ein Beispiel dafür, dass das Rechnen und Wiegen, seit langem vom Markt, vom Handels- und Zahlungsgeschehen bekannt, zu einem Instrument der Welterkenntnis wurde. Astrologen bemühten sich, ihre Berechnungen zu deuten, Alchemisten versuchten, Wesen und Wirkung der einzelnen Substanzen zu erkennen und zu nutzen. Das Messen, Rechnen und Wiegen fand auch in die Medizin Eingang. Den Baumeistern war diese Sicht der Dinge längst geläufig. Die Seefahrer brauchten neben aller Erfahrung exakte Hinweise zur Navigation. Doch zunächst blieb auch dieser Bereich der Wissenschaften eingebettet in die Erkenntnis der göttlichen Weltordnung. Der Theologie erwuchsen allerdings mit der weiteren Entwicklung dieser neuen Wissenschaftsbereiche immer selbstbewusstere Partner, die später gelegentlich zu Konkurrenten wurden.

Die vielgestaltige, ständig weiter ausgeformte mittelalterliche Welt- und Lebensordnung war in ihren zahlreichen Verästelungen für den einfachen Mann schwer überschaubar. Er bedurfte der ständigen Unterrichtung, um die Zusammenhänge zu erkennen. Das galt besonders für seine Lebensführung, das von ihm geforderte moralische Verhalten. Es mussten ihm nicht nur gute Werke nahe gelegt werden, auch die zu vermeidenden Verfehlungen waren genau zu bezeichnen. Von antiken Vorstellungen ausgehend waren daher Tugend- und Lasterkataloge entwickelt worden. Zu den Tugenden gehörten: Glaube, Liebe, Hoffnung, Tapferkeit, Klugheit, Gerechtigkeit, Mäßigkeit, Güte, Keuschheit, Demut, Sanftmut, Barmherzigkeit, Gehorsam, Geduld, Armut und Beharrlichkeit. Den Tugenden standen Laster gegenüber: Hochmut, Stolz, Zorn, Neid, Trägheit, Geiz, Unmäßigkeit, Unkeuschheit, Verzweiflung, Zwietracht, Unduldsamkeit, Götzendienst, Feigheit, Unbeständigkeit, Ungerechtigkeit, Unverstand, Torheit und Eitelkeit.

Man unterschied zwischen den lässlichen Sünden, die durch gute Werke wieder ausgeglichen und deren Strafen erlassen werden konnten, und den sieben Todsünden, die den Sünder aus dem Gnadenstand ausschlossen und damit den geistlichen Tod zur Folge hatten. Als die sieben Todsünden galten: Hochmut, Zorn, Neid, Trägheit des Herzens, Geiz, Völlerei und Wollust. An den aus dem Anfang des 15. Jahrhunderts stammenden Chorschranken der Stralsunder Nikolaikirche sind an den Außenseiten die Todsünden dargestellt. Der Teufel packt bereits die Übeltäter (Abb. 11, 12).

Abb. 11, 12: Darstellung der Todsünden an den Außenseiten der Chorschranken in der Stralsunder Nikolaikirche, Anfang des 15. Jahrhunderts (als Beispiele: Völlerei und Geiz). Der rabenartige Teufel packt bereits die Übeltäter.

Eine besondere Ausprägung erfuhr die Unmäßigkeit, die Völlerei, durch das Sich-voll-Trinken. Daraus ergaben sich auch damals Schlägereien, die gelegentlich zum Totschlag führten. Das Problem des Alkoholmissbrauchs hat eine lange Geschichte. Man war sich auch im Mittelalter dieses Problems durchaus bewusst. In den 1970er Jahren wurden in der Kirche in Neuenkirchen bei Greifswald in den Gewölbezwickeln des Kirchenschiffes rechts und links neben dem Triumphbogen mittelalterliche Wandmalereien aus dem 15. Jahrhundert freigelegt, die vor dem Voll-Trinken warnten. Eine solche Warnung konnte kaum auffälliger platziert werden. Links steht ein Zecher mit dem Becher in der Hand und ruft: „Gib her den Napf! Gib her zum Trinken!" Der so Herbeigerufene ist mit dem Napf schon unterwegs. Auf der rechten Seite kommen von zwei guten Geistern die notwendigen, moralischen Vorhaltungen: „Sieh dich vor! Das rate ich." Der zweite dieser beiden Geister spitzt die Warnung zu: „Gieß (nur) gut voll. Ach, Gott (lebe) wohl!"

Zur christlichen Tugend- und Lasterlehre gehörte auch die Unterweisung in den Zehn Geboten. Darüber hinaus musste den Glaubenden das Glaubensbekenntnis vertraut sein. Es war für sie ferner unerlässlich, dass sie nicht nur den Rosenkranz, sondern auch das Vaterunser beten konnten. Die von den Reformatoren entwickelte, nachdrücklich gepflegte und geförderte Katechismusfrömmigkeit hat weit zurückreichende Wurzeln. Aus dem Mittelalter sind mehrere anschauliche Darstellungen der Zehn Gebote bekannt. Verwiesen sei auf die in den 1480er Jahren geschaffene Zehn-Gebote-Tafel in der Danziger Marien-

kirche. Verfehlungen und Befolgungen des jeweiligen Gebots werden anschaulich einander gegenübergestellt. Auch hier ist bei Verfehlungen der Teufel zur Stelle. Außer diesen großen Darstellungen in den Kirchen gab es seit der zweiten Hälfte des 15. Jahrhunderts Holzschnitte der Zehn Gebote, die man billig kaufen und sich zu Hause an die Wand heften konnte.

Leider haben sich für den hier betrachteten Raum keine mittelalterlichen Darstellungen der Zehn Gebote erhalten. Überliefert sind uns dagegen niederdeutsche Reimfassungen der Zehn Gebote vom Anfang des 15. Jahrhunderts. In einem 1548 erschienenen Druck eines Lübecker Predigers heißt es: „Eine alte wahre christliche Erklärung der heiligen zehn Gebote Gottes war in Pudagla, das im Lande Usedom liegt, in einer sehr alten Kapelle mit großen breiten Buchstaben vor etlichen hundert Jahren an die Wand geschrieben und gereimt worden. Ein kniender Abt betet und lehrt sie." Darauf folgt die Wiedergabe einer ausführlichen niederdeutschen Reimfassung der Gebote. Es handelt sich bei der erwähnten Kapelle offenbar um diejenige des ehemaligen Klosters Grobe, die Anfang des 15. Jahrhunderts erneuert wurde. In dieser Kapelle wurde die goldene Rose aufbewahrt, die der Papst dem pommerschen Herzog Wartislaw VIII. anlässlich einer Romreise 1406 geschenkt hatte. Mit dem Aufsuchen der goldenen Rose in der Kapelle wurde ein 40tägiger Ablass verbunden. Der damalige, nach mancherlei Hinweisen sehr tatkräftige und erfolgreiche Abt nutzte offenbar die Wallfahrten zur goldenen Rose, um den Wallfahrern die Zehn Gebote zu erläutern.

Wir wissen kaum etwas darüber, wie die Katechismusunterweisung in jener Zeit erfolgte. Daher ist das Pudaglaer Beispiel ein bemerkenswertes Zeugnis für den mittelalterlichen Katechismusunterricht. Im Regelfall wird dieser Unterricht in den mit allen größeren Kirchen verbundenen Küsterschulen erteilt worden sein, wahrscheinlich auch in den Seitenschiffen und Seitenkapellen der Pfarrkirchen. Vielleicht bietet die Darstellung der Todsünden an der Außenseite der Chorschranken zum Chorumgang in der Stralsunder Nikolaikirche einen Hinweis auf den Ort der Unterweisung. Die Reformation hat später an den mittelalterlichen Katechismusunterricht angeknüpft und ihn in den Elementarschulen zum Kernstück für das Schul- und Bildungswesen des 16. Jahrhunderts gemacht. In den evangelischen Kirchenordnungen wurden die Pfarrer darüber hinaus verpflichtet, neben der Katechismusunterweisung in den Schulen regelmäßig in gesonderten Gottesdiensten Katechismuspredigten zu halten. Es entwickelte sich eine breit gefächerte Katechismusfrömmigkeit. Nicht nur das Vaterunser und das Glaubensbekenntnis, auch die Zehn Gebote wurden gebetet.

Zum mittelalterlichen Bildungswesen gehörten ferner die höheren Schulen, die Lateinschulen, die es seit dem Beginn des 14. Jahrhunderts in allen größeren Städten Pommerns gab. Die Kenntnis des Lateinischen war bis weit ins 16. Jahrhundert hinein für die Gebildeten jener Zeit eine Selbstverständlichkeit. Möglichkeiten zu einem darauf aufbauenden Studium bot die 1456 auf Betreiben des Greifswalder Bürgermeisters Heinrich Rubenow in Greifswald gegründete „Hohe Schule", die Universität. Das gleichzeitig an der Greifswalder Nikolaikirche errichtete Domkapitel wurde auf engste mit der Universität verbunden. Anderthalb Jahrzehnte zuvor hatte die in Rostock gegründete Universität – als Rostock in den 1430er Jahren mit Interdikt und Bann belegt worden war – Asyl in Greifswald gefunden und dort bis Anfang der 1440er Jahre ihren Lehrbetrieb fortgesetzt. Es erscheint rückblickend wie ein erster Probelauf für die dann in Greifswald gegründete Universität.

Aus der Zeit der Universitätsgründung blieb ein bemerkenswertes Bildzeugnis, die sogenannte Rubenow-Tafel, erhalten (Abb. 13). Dieses Tafelbild, das zu den seltenen frühen Gruppenbildnissen gehört, zeigt die ersten Professoren der Greifswalder Universität. Aus dem Bestreben, anlässlich eines aktuellen Ereignisses einzelne Persönlichkeiten ins Bild zu setzen, wird deutlich, wie stark sich das Selbstbewusstsein nicht nur bei den Herrschern, den Königen und Fürsten, sondern inzwischen auch unter den Gelehrten ausgeprägt hatte.

Abb. 13: Eines der frühen Gruppenbildnisse ist auf der Rubenow-Tafel, 1460, in der Nikolaikirche in Greifswald zu sehen. Es zeigt die ersten Professoren der Greifswalder Universität und verweist auf das gestiegene Selbstbewusstsein der Gelehrten.

Bereits im frühen 15. Jahrhundert ließen sich bürgerliche Stifter auf den gemalten Altartafeln abbilden, zunächst bescheiden am Bildrand. Später rückten die Stifter zusammen mit ihren Familien näher an das von ihnen andächtig betrachtete Bildgeschehen heran. Sie gewannen an Selbstbewusstsein und auf den Bildern an Größe. Der Abstand zu den Heiligen und biblischen Gestalten verringerte sich. Im 16. und 17. Jahrhundert wurden dann die Stifter und fürstlichen Schirmherren der Kirche als Anbetende ohne Größenunterschied in die Darstellungen der Kreuzigung oder der Taufe Christi einbezogen. Sie nahmen nun die Plätze der Heiligen ein. Vergleichbares geschah auf den nach der Reformation zum Gedächtnis der Verstorbenen in den Kirchen errichteten, oft aufwendig gestalteten Epitaphien. Diese Denkmale der Erinnerung wurden vielfach dort platziert, wo zuvor die den Heiligen gewidmeten, nach der Reformation entfernten Nebenaltäre gestanden hatten. Auch die Baumeister und Künstler begannen im 15. Jahrhundert, ihre Porträts an geeignet erscheinender Stelle anzubringen. Auch konnte sich der einfache Mann in dem Volksgewimmel, das unter dem Kreuz auf den Altartafeln dargestellt wurde, wiederfinden.

Trotz des aufkommenden neuen Menschenbildes, das auf das Ende des Mittelalters verweist, scheinen die neuen Geistesströmungen der Renaissance und des Humanismus an der Greifswalder Universität keinen nennenswerten Widerhall gefunden zu haben – ungeachtet der Bemühungen des Herzogs, der zum Beispiel einen Juristen aus Italien an die Universität berief. Greifswald wurde während der reformatorischen Wirren zum Rückzugsgebiet der aus Stralsund gewichenen sogenannten Altgläubigen. Die damalige Charakterisierung Greifswalds als „ehrenreich" erscheint im Kontext der gesamten Entwicklung wenig schmeichelhaft. Diese Feststellung darf jedoch nicht den Blick dafür verstellen, dass allgemeine Vorstellungen der Renaissance im Bewusstsein der Bürger in den weltoffenen Hansestädten Pommerns längst Eingang gefunden hatten. Die Veränderungen in der Geisteshaltung wurden bisher bei der Würdigung jener Epoche nur ungenügend berücksichtigt. Ein angemessenes Verständnis wird allerdings durch die Tatsache erschwert, dass sich der neue Geist der Renaissance im Norden – anders als in Italien – nicht an der klassischen Antike orientierte, sondern weitgehend in spätgotischen Formen seinen künstlerischen Ausdruck fand.

Ein ähnliches Missverständnis bei der Beurteilung bestand vielfach im 19. Jahrhundert, als die gotische Formenwelt – nicht nur im Kirchenbau – aufgegriffen wurde. Die Rezeption jener Formensprache war keineswegs Ausdruck einer rückwärts gewandten Betrachtung, sondern diente wiederum neuen, ganz anders gearteten Vorstellungen, die sich von jenen des Mittelalters weit entfernt hatten.

Nachwirkungen mittelalterlicher Glaubensinhalte

Selbst eine kurze Skizzierung der mittelalterlichen Vorstellungen ist ohne einen Hinweis auf die Entwicklung des Sozialgefüges jener Zeit, das nicht nur mit der Kirche eng verbunden war, sondern einen konstitutiven Teil des damaligen kirchlichen Lebens bildete, unvollständig. Dennoch müssen wir uns damit begnügen, diese Lücke zu bezeichnen. Auch die Nachwirkungen des mittelalterlichen Sozialgefüges bieten mancherlei Verständnishilfen für das, was wir „Mittelalter" nennen. Wir beschränken uns auf Veranschaulichungen der Nachwirkungen im religiösen Bereich und begnügen uns mit einem Beispiel aus einem ganz speziellen Blickwinkel, dem Einsammeln von Spenden in den Kirchen im Zusammenhang mit der Messe und dem Gottesdienst. Nichts hält sich hartnäckiger als Ess- und Zahlungsgewohnheiten.

Neben den zu besonderen Festtagen vor und in den Kirchen aufgestellten Becken zum Einsammeln von Gaben gab es die oft mit mehreren Schlüsseln fest verschlossenen, mit Eisenbändern beschlagenen Eichenkisten und Opferstöcke. Die Gaben waren einerseits für die Kirche, andererseits für die Armen bestimmt. Jeder der Vorsteher bewahrte einen der Schlüssel auf, nur gemeinsam konnten sie die jeweilige Kiste öffnen. Die evangelischen, in der Reformation geschaffenen Kirchenordnungen – für Pommern 1525 (Stralsund), 1535 und 1563 – legten genau fest, wie man es mit dem „Kirchen-Kasten" und dem „Armen-Kasten" zu halten und wie die Abrechnung und die Verteilung zu erfolgen hatte. Oftmals wurde der Armenkasten durch ein darüber aufgehängtes Bild mit der Darstellung des armen Lazarus bezeichnet, damit die Spender vor Augen hatten, wofür ihre Gabe bestimmt war.

Neben diesen Kisten und Opferstöcken wurden bei Messen, Gottesdiensten und anderen Zusammenkünften in den Kirchen für bestimmte Zwecke „Milde-Gaben" mit den sogenannten Bedelbrettern eingesammelt. Auf dem mit einem Griff versehenen Opferbrett stand eine kleine Heiligenfigur, der man seine Spende zu Füßen legte. Indem man den Kirchgängern dieses Sammelbrett darbot, forderte der Heilige gleichsam selber die Gaben ein. In Trent auf Rügen blieb solch ein spätmittelalterliches Bedelbrett mit der Figur des heiligen Georg erhalten. Mit diesem Brett sammelte man die Opferpfennige für die Insassen des dortigen Georgenhospitals ein.

In einzelnen Kirchen nutzte man diese Bedelbretter noch bis ins 18. Jahrhundert. In der Greifswalder Marienkirche war es noch lange nach der Reformation üblich, nicht nur mit dem Marienbild zu sammeln, sondern auch vor diesem Heiligenbild aufzustehen, wenn es den Kirchgängern während des Einsammelns der Opfer hingereicht wurde. Der für Pommern bedeutendste Kirchenjurist des 18. Jahrhunderts, Augustin von Balthasar, führte hierzu sinngemäß Folgendes aus. „Weil bei allen diesen Zeremonien das Abergläubische abgeschafft ist und diese Zeremonien nicht mehr, wie beim Papsttum, auf das Abergläubische zielen, können sie als eine indifferente Sache beibehalten werden." Im Laufe der Zeit wurde dann das Sammeln mit den Heiligenbildern überall durch das Sammeln mit dem Klingelbeutel abgelöst.

Abb. 14: Bedelbrett aus der Kirche in Kreutzmannshagen, 16. Jahrhundert, zum Einsammeln von Opfergaben während des Gottesdienstes

Vereinzelt wurden solche Bedelbretter noch nach der Einführung der Reformation hergestellt. In der Kirche in Kreutzmannshagen blieb ein solches Bedelbrett erhalten (Abb. 14). Es zeigt statt eines Heiligen ein Bild von Christus als Erlöser der Welt. Nachdem die Heiligen in der Reformation überflüssig geworden waren, musste Christus „selber" sammeln. Man verzichtete auf eine Vermittlung durch Heilige und legte nun Christus seine Gaben zu Füßen.

Auch die mittelalterlichen Altarschreine auf den Hauptaltären hat man anfangs nicht angetastet. Sie hatten schließlich viel Geld gekostet. Man nahm zunächst auch keinen Anstoß an den Heiligendarstellungen. Auch Darstellungen der Marienkrönung, die nicht mehr in den protestantischen Vorstellungsbereich passten, wurden noch lange toleriert. Anders ging man mit den Nebenaltären um. Sie waren überflüssig geworden. Überdies brauchte man Platz für das neu aufzustellende Gestühl. An die Stelle der Altaraufsätze der Nebenaltäre traten die an den Wänden befestigten Epitaphien. In den Kirchen der lutherischen Reformation sind bis auf den heutigen Tag mehr mittelalterliche Ausstattungsstücke erhalten als in den katholisch gebliebenen oder rekatholisierten Gebieten. Dort fielen die mittelalterlichen Ausstattungen zumeist barocken Erneuerungen zum Opfer.

Im Unterschied zu den reformierten Kirchen in der Schweiz und in den Niederlanden kam es in den lutherischen Kirchen Norddeutschlands in der unter landesherrlicher Schirmherrschaft durchgeführten Reformation nur vereinzelt zum Bildersturm. Ein vorzügliches Beispiel für den Erhalt vieler mittelalterlicher Ausstattungsstücke am ursprünglichen Standort bietet die Stralsunder Nikolaikirche. Nach der Reformation konzentrierte man sich bei der Ausstattung der Kirchen zunächst auf die notwendig gewordenen neuen Einrichtungen, die Kanzeln und das Gestühl für die Predigthörer. Man zögerte, alte Altarschreine durch neue Altaraufsätze zu ersetzen und – wo es nicht aus Platzgründen notwendig erschien – alte Ausstattungen zu beseitigen. Man stieß sich zunächst auch nicht an der mittelalterlichen Ausmalung der Kirchen, obgleich es sich dabei vielfach um Heiligenbilder handelte. Erst im 17. Jahrhundert begann man, die Kirchen auszuweißen. Das war eher einer zwangsläufig notwendig gewordenen Erneuerung geschuldet als der bewussten Verdrängung der Heiligendarstellungen.

Bei der später wünschenswerten Anfertigung neuer Altaraufsätze hat man oftmals mittelalterliche Altarschreine einbezogen. Erst bei dieser Gelegenheit wurden nicht mehr passend erscheinende Darstellungen – wie die Marienkrönung – durch

Abb. 15: Altaraufsatz in der Kirche von Wusterhusen, 1500, mit Umgestaltungen von 1650 und 1750

andere Bilder ersetzt. Zu den wichtigsten Darstellungen der neuen Altaraufsätze gehörten nach evangelischem Verständnis Bilder der Kreuzigung, des Abendmahls und der Auferstehung. Diese Darstellungen wurden vielfach durch Mose – einem Hinweis auf die Zehn Gebote – und Aaron, den Hohen Priester des Alten Bundes, flankiert. Der Ende der 1960er Jahre sorgfältig restaurierte Altaraufsatz der Kirche in Wusterhusen bietet hierfür ein schönes Beispiel (Abb. 15).

In Wusterhusen wurde ein nach 1500 entstandener Flügelaltar in den 1650 geschaffenen Altar einbezogen. Dabei hat man die Mittelgruppe – wahrscheinlich eine Marienkrönung –

herausgenommen und durch ein Ölbild der Kreuzigung ersetzt. Etwa einhundert Jahre später kam es wiederum zu einer Erneuerung und Veränderung dieses Altaraufsatzes. Bei dieser Gelegenheit wurden die geschnitzten Figuren in den Seitenflügeln des mittelalterlichen Altarschreins durch Skulpturen von Mose und Aaron ausgetauscht. Vom mittelalterlichen Altar blieben nur die bemalten, damals nicht sichtbaren Seitenflügel erhalten.

Ein weiteres Beispiel für eine Umgestaltung eines Flügelaltars aus dem 15. Jahrhundert bietet der Altarschrein in der Kirche in Züssow. Nachdem ein Stifter auch diesen Altar 1699 mit neuem Zierrat hat „auff staffieren lassen", wurde das Mittelstück – wahrscheinlich wiederum eine Marienkrönung – durch ein Andachtsbild ersetzt. Es zeigte Christus zwischen Herodes und Pilatus. Nach dem Zweiten Weltkrieg entsprach auch dieses Andachtsbild nicht mehr den Vorstellungen der Gemeinde. Wiederum wurde das Mittelbild anlässlich einer Restaurierung des Altars Ende der 1940er Jahre durch eine neue Figurengruppe, eine Kreuzigungsdarstellung, ersetzt. Die Apostelfiguren in den Seitenflügeln haben alle Umgestaltungen unbehelligt überstanden.

In Levenhagen bei Greifswald blieb auf dem Friedhof eine kleine, mittelalterliche Marienkapelle erhalten (Abb. 16). Sie barg ein Mariengnadenbild, das von Wallfahrern aufgesucht wurde, um Hilfe und Heil zu erlangen. Anlässlich einer Kirchenvisitation wurde 1633 – einhundert Jahre nach der Reformation – kritisch vermerkt, dass immer noch Pilger nach Levenhagen kämen. Die Visitatoren vermahnten den Pastor ernsthaft, dieses abergläubische Wallfahrtswesen abzustellen, das Götzenbild – so bezeichnete man damals im protestantischen Bereich die mittelalterlichen Gnadenbilder – zu entfernen und die Kapelle mit einer festen Türe zu verschließen. Das ist offenbar auch geschehen. Die Brettertür hatte aber ein Loch, durch das weiterhin Opfergaben in die Kapelle geworfen werden konnten, die seitens der Kirche schließlich als Bußgelder betrachtet wurden. Über die dort eingesammelten Gaben hatte der Pastor ein besonderes Register zu führen. Bis zum Beginn des 19. Jahrhunderts stammte ein Fünftel der Kircheneinnahmen aus diesen Kapellengaben. Noch Ende des 19. Jahrhunderts wurden Spenden – gelegentlich bis zu einem Taler – in der Kapelle aufgesammelt. Während des Ersten Weltkrieges hat man die Kapelle zu einer kleinen Gedächtnisstätte für die Gefallenen hergerichtet.

Die größten Verluste an kirchlicher Ausstattung und damit auch an der bisher erhalten gebliebenen mittelalterlichen Ausstattung ergaben sich aus den Profanierungen der Kirchen während des napoleonischen Krieges Anfang des 19. Jahrhunderts.

Abb. 16: Kapelle für das von Wallfahrern aufgesuchte Mariengnadenbild in Levenhagen. Das Gnadenbild wurde 1633 entfernt. Photographie von 1877

Viele Kirchen wurden von den feindlichen Truppen nicht nur als Lazarette, sondern auch als Feldbäckereien und Waffenlager benutzt. Die sich damals abzeichnenden Brüche in der kirchlichen Tradition waren tiefgreifender als alles, was die Gottesdienstbesucher zuvor an Erneuerungen in ihren Kirchen erlebt hatten. Im Zuge der nach dem Krieg notwendig gewordenen Aufräumungsarbeiten wurde die inzwischen als überladen empfundene barocke Ausstattung und das, was aus dem Mittelalter erhalten geblieben war, aus den Kirchen mit allen Resten hinausgefegt. Vereinzelt zeichnete sich dabei allerdings eine neue Wertschätzung bedeutender mittelalterlicher Einzelstücke ab, wie zum Beispiel bei einer in der Greifswalder Marienkirche erhalten gebliebenen, kostbaren Schnitzarbeit aus dem Ende des 15. Jahrhunderts, der Darstellung der Grablegung Christi aus einem Flügelaltar. Die damals für die Erneuerung der Kirche Verantwortlichen betrachteten dieses Kunstwerk als ein Beispiel der wertvollen „vaterländischen Altertümer“, die es zu bewahren galt.

Ein anderes Beispiel für die neue Bewertung der erhalten gebliebenen mittelalterlichen Kirchenausstattungen bietet die Friedhofskapelle in Semlow. Sie wurde in der ersten Hälfte der 1870er Jahre nach dem Vorbild einer Kapelle in Schenna bei Meran in anspruchsvollen gotischen Formen als Friedhofskapelle und Grablege errichtet. Auftraggeber war der 1861 in den Grafenstand erhobene Ulrich Behr-Negendank, seit 1869 Regierungspräsident in Stralsund, später Oberpräsident der Provinz Pommern. Der Kapellenraum ist über eine aufwendig gestaltete Freitreppe erreichbar. Im Untergeschoss befindet sich eine Krypta, die durch eine im Eingangsbereich angeordnete Treppenanlage mit dem Kapellenraum verbunden ist. Darüber hinaus kann die Krypta von außen durch ein Portal auf der Nordseite betreten werden. Sicherungsarbeiten zum Erhalt dieses bemerkenswerten Kapellenbaus konnten inzwischen eingeleitet werden.

Für die hier darzustellenden Entwicklungen ist vor allem die Nordseite dieser Kapelle zu beachten. Dort ist eine flache, einem Chorraum vergleichbare Erweiterung des Kirchenraums angefügt. Diese architektonisch hervorgehobene Raumerweiterung war für einen großen, mittelalterlichen Schnitzaltar aus der Mitte des 15. Jahrhunderts bestimmt (Abb. 17 und S. 32/33). Der hier aufgestellte Altarschrein stammte aus der unter dem Patronat derer von Behr bald nach 1600 errichteten Pfarrkirche in Deyelsdorf, in die dieser Flügelaltar aus einer mittelalterlichen, damals aufgegebenen Kirche überführt worden war. Zu diesem Zweck hatte der Graf den kostbaren Schnitzaltar 1878 aufwendig restaurieren und neu fassen lassen. Der Altar zeigt im Mittelfeld eine Marienkrönung. Als Altaraufsatz für die Apsis kam er nicht in Frage, aber als ein wertvolles Zeugnis der heimatlichen, mittelalterlichen Kunst wurde für ihn eine gesonderte, auch am Außenbau architektonisch hervorgehobene Altarnische errichtet. Diese Raumerweiterung an der Nordseite hebt zugleich den gesonderten Zugang zum Untergeschoss, zur Krypta, hervor.

Der Graf und spätere Oberpräsident der Provinz Pommern ist unter anderem auch als ein feinsinniger Förderer des Bewusstseins für pommersche Geschichte bekannt geworden. Dies wird bei der Errichtung der mit seiner Grablege verbundenen Friedhofskapelle deutlich. Aus der Bewahrung wertvoller vaterländischer Altertümer, die in den inzwischen auch in Pommern eingerichteten Provinzialmuseen in Stralsund und Stettin gewährleistet war, wird durch die Einfügung eines dieser kostbaren alten Stücke in einen neuen Kapellenbau eine Aneignung der übernommenen Kulturgüter. Das hat nichts mit einem

Abb. 17: Marienkrönung, Ausschnitt aus dem Semlower Altar aus der Mitte des 15. Jahrhunderts, jetzt in der Stralsunder Marienkirche

Rückgriff auf mittelalterliche Vorstellungen zu tun, sondern ist Ausdruck einer neuen, sich seit dem Beginn des 19. Jahrhunderts ausbildenden Geisteshaltung.

Was mit der Einfügung eines mittelalterlichen Altars in einen Kapellenbau des letzten Drittels des 19. Jahrhunderts veranschaulicht werden kann, findet seine Entsprechung bei der Übernahme gotischer Bauformen in jener Zeit. Wer bei der vergleichenden Analyse einzelner Architekturelemente verharrt, kann die Bauvorstellungen und den Bauwillen des 19. Jahrhunderts nicht verstehen. Hier geht es nur vordergründig um eine Erinnerung an das Mittelalter, hier geht es um eine völlig andere Epoche, den „Geist des 19. Jahrhunderts".

Heute steht der inzwischen erneut restaurierte, in der Kunstgeschichte als Semlower Altar bezeichnete Flügelaltar im Chor der Stralsunder Marienkirche und verleiht dieser seit der Reformation evangelischen Kirche einen besonderen Akzent. Nach mancherlei Wegen und Irrwegen, nach Reformation, Absolutismus, Aufklärung und neuer Frömmigkeit nimmt dieser Marienaltar wieder einen Platz in einem Altarraum ein, diesmal in einer evangelischen Kirche.

Damit schließt sich der Kreis zu dem eingangs genannten Kreuz auf dem Schlossberg in Usedom, das an die Christianisierung Pommerns durch Bischof Otto von Bamberg erinnert. Erinnerung und interpretierende Rezeption überlagern sich hier wie dort. Wir können auf Grund immer detaillierterer Forschungen zwar ein gewisses Verständnis für weit zurückliegende Epochen gewinnen, für die Gegenwart fruchtbar zu machen vermögen wir dieses Verständnis nur, wenn wir uns bemühen, zugleich die geistigen Entwicklungen unserer Zeit zu verstehen.

Literatur:

Buske, Norbert: Pommersche Kirchengeschichte in Daten, Schwerin 2003

Buske, Norbert: Pommern. Territorialstaat und Landesteil von Preußen, Schwerin 1997

Buske, Norbert: Die Reformation im Herzogtum Pommern unter besonderer Berücksichtigung der späteren Generalsuperintendentur, Greifswald/Berlin 1985

1000 Jahre Mecklenburg, Katalog zur Landesausstellung Mecklenburg-Vorpommern in Güstrow, hg. von Johannes Erichsen, Rostock 1995

Historischer und geographischer Atlas von Mecklenburg-Vorpommern, 2 Bände, Schwerin 1995 und 1997

Hansjörg Küster

Paradies und lebende Apotheke

Der mittelalterliche Garten – Ideal und Wirklichkeit

Abb. 1: Zur mittelalterlichen Vorstellung des Paradiesgartens gehören eine Zinnenmauer, eine Rasenbank und eine blumenbestandene Wiese mit einem Brunnen oder Bach als Quell des Lebens. Die Blumen symbolisieren die Tugenden Mariens. Der Garten steht für das friedliche Reich der Himmelskönigin. Oberrheinischer Meister, Paradiesgärtlein, um 1410/20

Abb. 2: Das Andachtsbild eines Brüsseler Meisters zeigt einen Ausblick auf ein typisch mittelalterliches Burggärtlein mit rechteckig eingefassten Hochbeeten, einer gemauerten Rasenbank und einer zinnenbekrönten Mauer. Meister des Blickes auf Sankt Gudula, Die Muttergottes mit einer Stifterin und der Heiligen Maria Magdalena, um 1475

Um 1410/20 malte ein oberrheinischer Meister ein berühmtes Bild, das „Paradiesgärtlein“, das im Städelschen Kunstinstitut in Frankfurt ausgestellt ist. Inmitten eines ummauerten, reich bepflanzten Gartens sitzen die Jungfrau Maria mit der Krone, die sie als Himmelskönigin auszeichnet, und vor ihr das Christuskind, das die Saiten eines Psalteriums zum Klingen bringt. Männliche und weibliche Heilige beziehungsweise Engel beleben ferner die beschauliche, paradiesisch anmutende Szenerie. Die Blumen stehen nicht in Beeten, sondern sind von Gras umgeben. Die Pflanzen sind derart detailgetreu dargestellt, dass man sie leicht erkennen kann: Schwertlilien, Pfingstrosen, Maiglöckchen, Erdbeeren, Märzbecher, Gänseblümchen, Eibisch, Immergrün, Goldlack, Schlüsselblume und mehrere andere Gewächse.[1] Die jahreszeitlichen Unterschiede ihrer Blütenstände und der Reife ihrer Früchte spielen hier – im Paradiesgarten – keine Rolle. Nur im überzeitlichen Paradies kann man blühende Märzbecher und Schwertlilien auf einen Blick sehen, nur dort steht zur gleichen Zeit eine Schüssel mit reifen Äpfeln auf dem Tisch.

Auf dem Bild ist kein „authentischer" Garten des Mittelalters zu sehen, auch kein Klostergarten, der im Mittelalter das Vorbild für alle anderen Gärten war. Der Paradiesgarten war ein Ideal. Aus dem Gemälde lässt sich nicht nur erschließen, welche Gewächse als Gartenpflanzen im Spätmittelalter bekannt waren, sondern auch welche Sehnsüchte der mittelalterliche Gläubige mit der Anlage eines Gartens verband. Der Paradiesgarten verkörpert den Wunsch vom Eingang der frommen Seelen ins Paradies, der seit der Vertreibung der Menschheit aus dem Garten Eden besteht. Im Kloster-, Burg- oder Hausgarten sollte ein Stück Paradies auf die Erde geholt werden. Dieser Wunsch konnte nur dann einer Erfüllung nahe kommen, wenn man die vergänglichen Blumen mit ihren Blüten schützte, vor Zerstörung, die von anderen Menschen, wilden Tieren, Naturkatastrophen ausging. Aber auch die im Garten geschützten Gewächse waren schließlich der Vergänglichkeit, dem Wandel unterworfen, dem alles Leben auf der Erde ausgesetzt ist. Im Garten konnte man wenigstens versuchen, den unausweichlichen Moment des Verblühens und Vergehens hinauszuschieben.

Auf dem Frankfurter „Paradiesgärtlein" ist der Schutz, den ein Garten bietet, deutlich dargestellt: Ihn umgibt eine zinnenbewehrte Mauer, die ihn von der Außenwelt abschließt.

Dieser Schutz nach außen ist ein besonders wichtiges Charakteristikum von Gärten. Der Begriff Garten entwickelte sich aus dem indoeuropäischen Wortstamm „ghordo-s", aus dem das griechische „chortos", das lateinische „hortus" und das deutsche „Garten" abgeleitet wurden; „ghordo-s" bedeutet Flechtwerk, Zaun oder Hürde, bezeichnet also die äußere Umgrenzung des Gartens[2]. In anderen Sprachen wurde nicht der Garten über seinen Zaun benannt, sondern die Stadt. Denn „ghordo-s" ist auch die Urform des slawischen „Gorod" (für Stadt).[3] Garten und Stadt haben tatsächlich ein gemeinsames Charakteristikum, nämlich ihre äußere Schutzmauer. Dies wird auch durch andere Beziehungen zwischen verschiedenen Sprachen deutlich: Das englische „town" (für Stadt), das niederländische „tuin" (für Garten) und das deutsche „Zaun" haben die gleichen sprachlichen Wurzeln.[4] Der Garten ist immer abgeschlossen, seine Funktion ist der Schutz von Pflanzen und paradiesischen Zuständen. Der Begriff Paradies, der aus dem Altpersischen stammt, bedeutet ebenfalls nichts anderes als „Umzäunung" oder „Umwallung".[5] Der Begriff „Paradiesgarten" ist also ein Pleonasmus, oder – volkstümlicher ausgedrückt – ein „weißer Schimmel" – genauso wie der Begriff „hortus conclusus", der in mittelalterlichen Texten immer wieder genannt wird[6] und die Jungfräulichkeit Mariens symbolisiert.[7] Er illustriert eine auf Maria bezogene

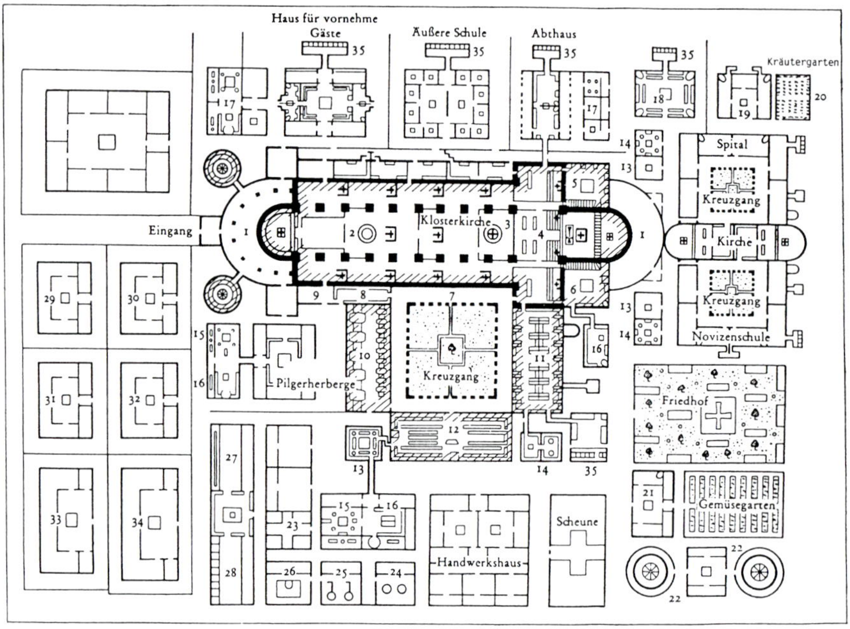

Abb. 3: Im St. Galler Klosterplan, einem Idealplan für die Anlage eines Klosters, sind im Zentrum der Kreuzganggarten und im Osten drei Nutzgärten verzeichnet: im Südosten der Gemüsegarten mit 18 rechteckigen Beeten, daneben der als Obstgarten zu nutzende Friedhof und in der nordöstlichen Ecke neben dem Hospital der Kräutergarten. Umzeichnung des St. Galler Klosterplanes von 816, Sankt Gallen, Stiftsbibliothek

Stelle im Hohen Lied (Hld. 4, 12: „Ein verschlossener Garten bist du, meine Braut, ein verschlossener Brunnen in einem verschlossenen Garten"). Ein abgeschlossener Bereich war schließlich auch das Kloster, neben dem der Klostergarten lag. Dieser Garten wurde von der gleichen Mauer umschlossen wie das Gebäude oder von den Klostergebäuden eingefaßt, vor allem vom Kreuzgang. Der Begriff „Kloster" ist vom lateinischen „claudere" (schließen) beziehungsweise von „claustrum" abgeleitet.

Kloster, Stadt und Garten, sind also, wie ihre Benennungen in verschiedenen Sprachen verraten, als abgeschlossene Orte aufgefasst worden. Auch das „Schloss" bezeichnete ursprünglich einen in sich abgeschlossenen Verteidigungsbezirk. Diese architektonischen Kennzeichen von Zivilisation, die mit Mauern geschützt wurden, verbreiteten sich als Ausdruck der neuen Machtverhältnisse im Laufe des Mittelalters weithin in Europa. Das Ideal, ein Stück Paradies auf die Erde zu bringen, stand der rauen Wirklichkeit des Mittelalters gegenüber, in der andere Gesetze galten: die Durchsetzung handfester Interessen. Nur das Miteinander von politischen, kirchenpolitischen und wirtschaftlichen Kräften schuf die hierfür nötigen Voraussetzungen.[8] Ein Netz von Handelsbeziehungen, an dem die Hanse einen entscheidenden Anteil hatte, zog sich quer durch Europa und entwickelte sich sogar darüber hinaus.

Dass sich im Mittelalter Wirklichkeitsorientierung und christliche Weltdeutung nicht ausschlossen, sondern einander durchdrangen, verdeutlicht beispielsweise ein spätgotisches Tafelbild eines Brüsseler Meisters (Abb. 2).

Die Muttergottes und das Christuskind haben sich einer nach der damaligen Mode gekleideten Stifterin zugewandt. Die Heilige Maria Magdalena an ihrer Seite ist wahrscheinlich ihre Namenspatronin. Den Hintergrund dazu bildet eine weltliche Szenerie: ein ummauerter, hoch gelegener Garten, ein Hafen mit Handelsschiffen und eine Stadt.[9] Dieses Miteinander von religiösen Vorstellungen, herrschaftlichen und wirtschaftlichen Strukturen sind Bestandteile des wahrhaft Neuen, das im Mittelalter in weite Teile Europas gebracht wurde.

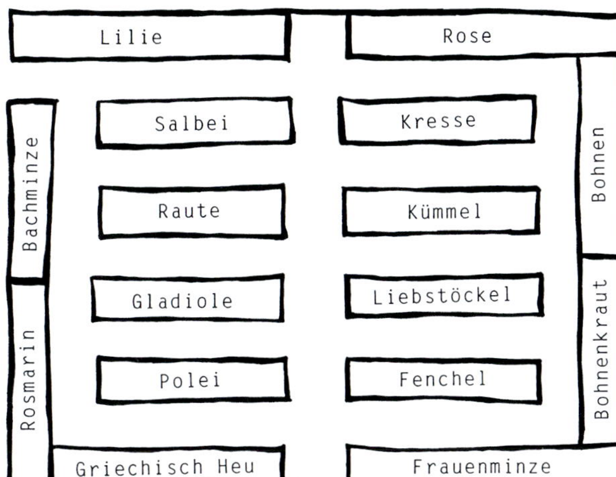

Abb. 4: Die einzeln aufgeführten Namen der Kräuter in 16 Beeten verweisen darauf, dass sie nicht nur für die Küche, sondern auch für die Heilkunde von Bedeutung waren – als „lebende" Apotheke. Umzeichnung des Kräutergartens im Sankt Galler Klosterplan von 816, Sankt Gallen, Stiftsbibliothek

Zuvor lebten Ackerbauern im Gebiet nördlich der Alpen, die kleine mehr oder weniger autarke Gemeinschaften gebildet hatten. Ihre Dörfer gründeten sie immer wieder an anderen Stellen; nach einigen Jahrzehnten verlagerten sie ihre Siedlungen. Fest ummauerte, dauerhafte Siedlungen und auch Gärten gab es in einer solchen instabilen Weltordnung nicht. Die staatliche, wirtschaftliche und theologische Lenkung rings um Nord- und Ostsee, längs der europäischen Flüsse und in den Mittelgebirgen führte erst zur Durchsetzung der Beständigkeit.

Beständige Siedlungen gab es vor dem Mittelalter nur im Nahen Osten und am Mittelmeer. In den Gärten rings um die antiken Städte baute man Wein und Obst an, zog Gemüse und vielerlei Gewürze. Die Gewürze hatten für die feine Küche eine besondere Bedeutung: Weil es keinen Kühlschrank gab, musste der Geschmack nicht mehr ganz frischer Lebensmittel durch kräftige Geschmacksnoten verdeckt werden.[10] Ästhetische Gesichtspunkte fanden in antiken Gärten Berücksichtigung, in denen auch Zierpflanzen standen.[11] Die christliche Religion stammte aus dem gleichen Gebiet, in dem die frühen Städte mit ihren Gärten lagen. Pflanzen als Attribute des Christentums waren dort verfügbar, man konnte so gut wie überall Wein anbauen.

Das Christentum ohne den Wein, der in biblischen Gleichnissen vorkommt (Mt. 21, 23-45; Jh. 15, 5) und beim Abendmahl von zentraler Bedeutung ist (Mt. 26, 28), ist nicht denkbar, genauso wenig wie eine feine Küche ohne Gewürze. Man musste also, wenn sich städtische Strukturen und das Christentum ausbreiteten, auch Gärten anlegen. Dort sollten Wein, Obst, Gemüse, Gewürze und Zierpflanzen wachsen, damit die beständige Weltordnung dort eingerichtet wurde, wo aus der Sicht der Kolonisatoren das Chaos herrschte und das Paradies auf Erden nicht verwirklicht war. Im „Capitulare de villis" Karls des Großen, einer Art Grundordnung des Lebens aus dem ausgehenden 8. Jahrhundert, sind Gärten erwähnt. Zahlreiche Pflanzen werden zum Anbau empfohlen, darunter viele aus dem Süden, die in nördlichen Breiten gar nicht gezogen werden können.[12] Weinraute, Fenchel, Dill und Schwarzkümmel lassen sich allerdings nicht nur am Mittelmeer, sondern auch in anderen Teilen Europas anbauen.[13] Der am Mittelmeer häufig verwendete Kreuzkümmel wurde nördlich der Alpen durch den völlig anders schmeckenden Wiesenkümmel ersetzt.[14]

Die Angaben im karolingischen „Capitulare de villis" wurden grundlegend für den Sankt Galler Klosterplan (Abb. 3, 4) von 816. Darin ist ein „Wurzgarten" für Heilkräuter und Gemüse, Zierpflanzen und Bäume verzeichnet. In ihm sind zahlreiche Pflanzennamen vermerkt, unter anderem Zwiebel, Lauch, Sellerie, Koriander, Schlafmohn, Rettich, Mangold, Knoblauch, Petersilie, Kerbel, Bohnenkraut, Pastinak, Kohl, Schwarzkümmel, Weiße Lilie, Rose, Bockshornklee, Rosmarin, Minze, Salbei, Schwertlilie, Liebstöckel sowie mehrere Arten von Obst- und Nußbäumen. Auf dem Plan ist der Garten, der in zahlreiche Beete eingeteilt war, neben dem „Domus medicorum" gelegen, dem Haus der Heilkundigen.[15] Offensichtlich verwendeten die Mönche den Garten als „lebende Apotheke". Für die Vorstellung des Gartens als eines Paradieses auf Erden wichtig war die Tatsache, dass die Mönche durch den Anbau von Heilpflanzen und deren kundige Verwendung Krankheiten heilen und das Leben verlängern konnten. Damit war in ganz diesseitigem Sinne ein wichtiger Teil der Beständigkeit, die vom Garten ausgehen sollte, im praktischen Leben umgesetzt.

Möglicherweise war der Sankt Galler Klosterplan ein Vorbild bei der Anlage weiterer Klöster, ebenso wie das etwas ältere Lehrgedicht „Hortulus" des Reichenauer Abtes Walahfrid Strabo. Er erwähnte Salbei, Weinraute, Eberraute, Flaschenkürbis, Melone, Wermut, Andorn, Fenchel, Schwertlilie, Liebstöckel, Kerbel, Weiße Lilie, Schlafmohn, Muskatellersalbei, Minze, Flohkraut, Sellerie, Heilziest, Odermennig, Schafgarbe, Katzenkraut,

Abb. 5: Umgeben von einer Engelschar und hinterfangen von einer Rasenbank und einem Rosenspalier sitzt demütig die Muttergottes auf der Wiese, das Christuskind auf dem Schoß. Der Apfel symbolisiert den Sündenfall, den Christus durch seinen Kreuzestod überwindet. Die Rose ist ein altes Sinnbild Mariens. Stefan Lochner, Maria im Rosenhag, Köln, um 1450/51

Rettich und Rose als Gartenpflanzen (Abb. 5).[16] Einige dieser Pflanzen wurden als Gemüse gegessen, andere als Gewürze verwendet. Wieder andere nahm man als Heilpflanzen, weitere waren vor allem Zierpflanzen.

Die Heilwirkungen der Pflanzen einer „lebenden Apotheke" sind von mehreren mittelalterlichen Autoren gerühmt worden, unter anderem von der Heiligen Hildegard von Bingen (1098 bis 1179). Sie nannte noch zahlreiche weitere Gewächse, die man in Klostergärten anbauen sollte, und deren Heilwirkungen, darunter die Zaunrübe, das Eisenkraut, die Pfingstrose und die Ringelblume. Die Pflanzen der Gärten wurden von den Mönchen oder Nonnen persönlich betreut. Getreu der Benediktinerregel „Ora et labora" („bete und arbeite") gingen sie in die Klostergärten und pflegten die kostbaren Gewächse,[17] eingebunden in den Rhythmus ihres geregelten Tagesablaufs (siehe S. 82, Abb. 4). Zu den Klöstern gehörten mehrere Arten von Gärten: die Obstgärten, die Gemüsegärten, Kräutergärten und die der Kontemplation zugedachten Kreuzganggärten (Abb. 3, 4). Um weitere Anbauflächen zu nutzen, gab es darüber hinaus sicherlich noch weitere Nutzgärten jenseits der Klostermauern.

Abb. 6: Die Raute oder Weinraute ist heute in fast jedem Garten in Litauen zu finden. Im Mittelalter war sie eine wichtige Pflanze der Klostergärten. Ihre Blütenblätter bilden ein Kreuz. Das Bild stammt vom „Berg der Kreuze" bei Schaulen im Norden Litauens.

Mittelalterliche Pflanzenwelt – Symbolik und Anbau

Die Zierpflanzen des Mittelalters waren den Heiligen geweiht, vor allem der Jungfrau Maria. Sie werden daher auch als die „Marienblumen" bezeichnet.[18] Sie wurden immer wieder in größter Detailtreue auf Tafelbildern dargestellt. Zu ihnen gehören die Lilie, bezeichnenderweise auch Madonnenlilie genannt, als Symbol der Reinheit oder Keuschheit, und die Erdbeere, weil sie den ganzen Sommer über blüht und Früchte trägt, somit ein Symbol besonderer Beständigkeit ist. In den Blüten der Akelei sah man beispielsweise das Abbild von fünf Vögeln. Man hielt diese für Tauben und die Pflanze daher für ein Symbol des Heiligen Geistes. Besonders große Bedeutung hatte die Rose[19], unter anderem als Symbol für Vergänglichkeit und Beständigkeit sowie für die Liebe und die Verletzlichkeit. Ein Rosenhag als Umgrenzung einer Mariendarstellung, wie in Stefan Lochners „Madonna im Rosenhag", entspricht einer Umzäunung.[20]

Nach Möglichkeit wurden alle Pflanzen, die ursprünglich aus dem Süden stammten, nördlich der Alpen in den Gärten der Klöster, viel später auch in den bäuerlichen und bürgerlichen Gärten gezogen.[21] Einige Gewächse wurden in Regionen besonders beliebt, aus denen sie nicht ursprünglich stammten. Die Weinraute (Abb. 6) kommt aus dem Mittelmeergebiet, wurde dort und später auch im Norden Europas zu einem beliebten Gewürz, das überall in den Klostergärten angebaut wurde; außerdem verwendete man die Weinraute als Heilpflanze und Abortivum, als Mittel zum Abtreiben[22]. Heute ist sie vielerorts nahezu vergessen. Aber durch die Vermittlung der Tradition ihres Anbaus in den Klostergärten wurde sie geradezu zu einer Charakterpflanze litauischer Gärten. Zu ihrer großen Bedeutung trug bei, dass man ihre vier Blütenblätter als ein Symbol des Kreuzes Christi ansah.

Der Dill kommt ebenfalls aus dem sonnigen Süden und wird dort schon so lange verwendet, dass sein genaues Ursprungsgebiet nicht festzustellen ist. Sein Anbau in den mittelalterlichen

Klostergärten führte dazu, dass er auch im Norden Europas bekannt wurde. Er gilt heute als typisch nordische Speisezutat; in norddeutschen und skandinavischen Gärten kann man das Gewächs des Südens gut anbauen.[23]

Nur Wein sowie diejenigen Früchte und Gewürze aus dem Süden, die auf keinen Fall im Norden gediehen, wurden per Schiff über die Meere und Flüsse transportiert, vor allem im hohen und späten Mittelalter dann auch in Wagen über Land. Die christliche Kirche musste – dank des Ferntransportes von Wein – nirgendwo auf den Messwein verzichten. Aus dem Süden kamen Feigen und Maulbeeren, Mandeln, der Grundstoff für Lübecker Marzipan, und Kapern, mit denen Königsberger Klopse gewürzt werden.

Zu den wohl wichtigsten Gartenpflanzen wurden so gut wie überall die Rosen. Auch in vielen städtischen Siedlungen pflanzte man nach Vorbildern aus den Klöstern Rosensträucher vor die Häuser. Dieser Brauch besteht noch heute in einigen Hansestädten, vor allem in solchen, die sich nach dem Mittelalter kaum noch weiter entwickelten, beispielsweise in Schleswig (Fischersiedlung auf dem Holm) und in Visby auf Gotland. Die Rosenstöcke wurden gepfropft, das heißt, ein Reis (Zweig) einer Edelrose wurde auf einen Wildling, die sogenannte Unterlage, gesteckt, und zwar so, dass sich das Holz des Wildlings mit dem Edelreis zu einer Pflanze verband. Die Rosenblüte war und ist ein Symbol der Vergänglichkeit, doch kann der Rosenstock tatsächlich ewigen Bestand haben: Immer wieder lassen sich von einem Rosenstock Edelreiser abnehmen und auf eine neue Unterlage pfropfen. Dabei mag man den Eindruck gewinnen, dass eine Rose ewig lebt; daher gilt sie als ein Symbol der Ewigkeit.[24]

Mit den Obstbäumen (Abb. 7) wurde und wird entsprechend verfahren wie mit den Rosen: Edelreiser werden auf Wildlinge gepfropft. Bevor ein Baum eingeht, können Reiser von ihm abgenommen und auf eine andere Unterlage gepfropft werden. So haben die Edelreiser ein ewiges Leben (siehe auch Römerbrief 11, 16ff.); und ein verdorrter Stamm, dem ein Edelreis aufgesteckt wird, kann erneut zum Leben finden. Auf dieses Wunder vom verdorrten Stamm (4. Mose 17) wird in vielen Erzählungen eingegangen, die bereits aus dem frühen Mittelalter überliefert sind.[25] Dieter Hennebo weist darauf hin, dass der Baumgarten des Sankt Galler Klosterplans nicht nur der Obstgarten war, sondern auch der Friedhof.[26] Lebensbäume mögen das ewige Leben nicht nur verheißen, sondern sogar gezeigt haben.

Der Umgang mit Bäumen und ihre besondere Bedeutung wird auch auf dem Bild vom Paradiesgärtlein dargestellt, von dem eingangs die Rede war. Im Vordergrund des Bildes, sogar in seiner Mitte ragt der Baumstumpf eines Wildlings auf. Ihm sind frische Edelreiser aufgesetzt, und die Pfropfstelle ist mit einer Schnur fachmännisch umwickelt. Die Blätter des Edelreises ragen empor – ein Zeichen dafür, dass die Pfropfung erfolgreich war, sich also das Edelreis mit der Unterlage verbunden hat und daher nicht verdorrt ist. Neben dem Wildling ist ein Affe zu erkennen. Der Affe, ein Symbol des Sünders[27] und damit auch des Teufels, sitzt dem Heiligen Michael zu Füßen, über dem sich die Krone eines Obstbaumes ausbreitet. Es ist gut zu erkennen, dass auch dieser Obstbaum durch Pfropfung entstand: Mehrere Edelreiser nebeneinander ragen in die Höhe.

Abb. 7: Apfelbaum vor der Ruine des Zisterzienserklosters von Alvastra (Schweden)

Der wieder ausschlagende Baum wurde möglicherweise aus ganz praktischen Vorstellungen der Menschen heraus, die täglich mit Obstbäumen, ihrer Pflege und ihrer Veredelung umgingen, nicht nur zum Symbol des Ewigen Lebens im Paradies, sondern auch zum Sinnbild für Opfertod und Wiederauferstehung Christi. Das Leben mit den Kräutern, den Blumen und Bäumen im Garten lehrte die Menschen, über Zeit und Ewigkeit, Vergänglichkeit und die Neuentstehung des Schönen und Guten nachzudenken. Zum Leben im Kloster gehörte nicht nur das Gebet in der Kirche, sondern auch die Arbeit im Garten. Beides wurde in der Abgeschlossenheit, im geschützten Bereich geleistet. Und es diente dem Ziel, das Paradies auf Erden zu verwirklichen.

Anmerkungen

1 Zur Identifizierung der Pflanzen auf dem Bild des Paradiesgärtleins siehe u.a. Harvey 1981, S. 126.; Vogellehner 1984, S. 69-98; Behling 1967
2 Mayer-Tasch 1998, S. 11-24, vor allem S. 12
3 Küster 1999, Zolltexte, S. 14-18; Küster 2001, S. 861–866
4 Küster 2001
5 Mayer-Tasch 1998
6 Hennebo 1987, S. 57. Auch der Paradiesgarten ist in der geistlichen und weltlichen Dichtung ein häufiges Motiv.
7 Auch im Frankfurter „Paradiesgärtlein“ spielt das Motiv des verschlossenen Gartens darauf an.
8 Zur Situation am Beginn des Mittelalters: Küster 1999, Geschichte der Landschaft; Küster 2002 (im Druck)

9 Wirklichkeitsnahe Bildmotive haben gleichzeitig Symbolcharakter: Der Garten spielt wiederum auf die Jungfräulichkeit Mariens, auf den hortus conclusus an, Samson mit dem Löwen am Marienthron verweist auf Christus etc.
10 Küster 1997, S. 7
11 Meier 1998, S. 91–105
12 Haben deswegen Mönche in Doberan bereits im Jahre 1273 ein Treibhaus gebaut, um kälteempfindliche Gewächse aus dem Süden anzubauen?
13 Vogellehner , S. 72 ff.
14 Küster 1997, S. 120 ff.
15 Vogellehner 1984, S. 76 f.
16 Stoffler 1978
17 Hennebo 1987, S. 17
18 Behling 1967
19 u. a. Heinz-Mohr / Sommer 1988
20 Hennebo 1987, S. 140
21 Neben den Hinweisen aus literarischen Quellen und Darstellungen in der Kunst bietet heutzutage auch die Paläo-Ethnobotanik durch Ausgrabungen historischer Pflanzenreste oder Samen Aufschluss über die im Mittelalter bekannten Pflanzenarten.
22 Küster 1997, S. 278 ff.
23 Küster 1997, S. 55 ff.
24 Heinz-Mohr / Sommer 1988, 29 ff.
25 Hennebo 1987, S. 30
26 Hennebo 1987, S. 29
27 Wehrhahn-Stauch 1968, Band 1, Sp. 76 ff. Im Paradies hat der Teufel keine Macht.

Literatur:

Behling, Lottlisa: Die Pflanzenwelt der mittelalterlichen Tafelmalerei, 2. Auflage Köln/Graz 1967

Harvey, John: Medieval Gardens, London 1981

Heinz-Mohr, Gerd / Volker Sommer: Die Rose. Entfaltung eines Symbols, München 1988

Hennebo, Dieter: Gärten des Mittelalters, 2. Auflage München/Zürich 1987

Küster, Hansjörg: Kleine Kulturgeschichte der Gewürze. Ein Lexikon von Anis bis Zimt, München 1997

Küster, Hansjörg: Der Garten und die Wildnis, in: Zolltexte 32, 1999, S. 14–18

Küster, Hansjörg: Geschichte der Landschaft in Mitteleuropa. Von der Eiszeit bis zur Gegenwart, 3. Auflage München 1999

Küster, Hansjörg: Der Garten, die Wildnis und der Naturschutz, in: Stadt und Grün 50 (12), 2001, S. 861–866

Küster, Hansjörg: Die Ostsee. Eine Natur- und Kulturgeschichte, München 2002 (im Druck)

Meier, Christian: Der römische Garten, in: Hans Sarkowicz (Hg.): Die Geschichte der Gärten und Parks. Frankfurt am Main/Leipzig 1998, S. 91–105

Mayer-Tasch, Peter Cornelius: Der Garten Eden, in: Hans Sarkowicz (Hg.): Die Geschichte der Gärten und Parks, Frankfurt am Main/Leipzig 1998, S. 11–24, vor allem S. 12

Stoffler, Hans-Dieter: Der Hortulus des Walahfrid Strabo. Aus dem Kräutergarten des Klosters Reichenau, Sigmaringen 1978

Vogellehner, Dieter: Gärten und Pflanzen im Mittelalter, in: Günter Franz: Geschichte des deutschen Gartenbaues, Deutsche Agrargeschichte 6, Stuttgart 1984, S. 69–98

Wehrhahn-Stauch, Liselotte: „Affe“, in: Engelbert Kirschbaum (Hg.): Lexikon der christlichen Ikonographie, Rom u. a. 1968, Band 1, S. 76 ff.

YSI DORUS·
BRAU LIO·

Franz Jürgen Götz

Handarbeit zum Lobe Gottes

Eine Annäherung an das mittelalterliche Kloster und seine Schreibstube

„Als wir am oberen Ende der Treppe angelangt waren, traten wir aus dem Ostturm in das Skriptorium, und im selben Moment entfuhr mir unwillkürlich ein bewundernder Ausruf. [...]

Ja, damals, in jener Stunde beginnender Dämmerung, erschien mir das Skriptorium wie eine fried- und freudvolle Werkstatt der Weisheit. In Sankt Gallen sah ich später ein ähnlich wohlproportioniertes Skriptorium, ebenfalls von der Bibliothek getrennt (in anderen Abteien pflegen die Mönche am selben Ort zu arbeiten, wo auch die Bücher aufbewahrt werden), aber dieses war noch viel schöner angelegt. Restauratoren, Kopisten, Rubrikatoren und Forscher saßen jeder an seinem eigenen Tisch, je einer vor jedem Fenster. [...] Severin erklärte uns, dass die im Skriptorium tätigen Mönche von den Gebeten zur Tertia, Sexta und Nona entbunden waren, damit sie das Tageslicht voll ausnutzen konnten und ihre Arbeit erst bei Einbruch der Dunkelheit zur Vesper zu unterbrechen brauchten. [...] Jeder Tisch hatte alles, was man zum Malen und zum Kopieren braucht: Tintenfässer, feine Federn, die einige Mönche mit winzigen Messerchen schärften, Bimssteine, um das Pergament zu glätten und Lineale, um die Zeilenlinien zu ziehen."[1]

Mit dieser Beschreibung des Novizen Adson von Melk, der Erzählergestalt aus dem bekannten Mittelalterkrimi „Der Name der Rose" von Umberto Eco, wird der Leser in einen der zentralen Räume des Schauplatzes, einer großer Benediktinerabtei, geführt: die Schreibstube. Vielen von uns schweben bei dieser Beschreibung sicher die Bilder aus dem gleichnamigen Film vor Augen, mit zahlreichen Mönchen an den Schreibpulten, lesend oder schreibend, vor ihnen aufgeschlagen mächtige Folianten.

Abb. 1: „Erbarme dich, Herr, des armen Schreibers. Wäge nicht die Last meiner Sünden. Zwar sind die guten Taten gering, doch mögen sie über die Sünde erhoben werden. Die Nacht weiche dem Licht, der Tod dem Leben" steht in der Inschrift über der unteren Szene, in der das Leben des toten Mönchs Swicher beurteilt wird. Das Buch in der Waage des Heiligen Michael gibt den Ausschlag dafür, dass sie sich dem Weltenrichter Christus zuneigt. Die Seele des Mönchs wird in den Himmel getragen. Der Teufel entflieht enttäuscht. Etymologiae des Isidor von Sevilla, zweites Drittel 12. Jahrhundert

Eine Idealvorstellung oder das getreue Abbild eines spätmittelalterlichen Schreibbetriebs? Abgesehen von der Tatsache, dass es sich hier natürlich um eine Fiktion handelt und nicht etwa um einen zeitgenössischen Bericht, kann man jetzt schon sagen: beides hat seine Berechtigung. Die stimmigen Detailbeobachtungen entnahm Eco den alten Quellen und der modernen Forschungsliteratur rund um den Entstehungsprozess von Handschriften. Ebenso griff er auf zahlreiche bildliche Darstellungen mittelalterlicher Schreiber, oft in Gestalt der Evangelisten Matthäus, Markus, Lukas und Johannes, zurück. Doch ist insgesamt (wie übrigens auch bei der Darstellung der Bibliothek[2]) alles ins Großartige gesteigert. Wir wollen dennoch Adson von Melk und seinem Lehrmeister William von Baskerville folgen, und einen kurzen Blick werfen auf die „Buchkultur" mittelalterlicher Klöster und die Mühen der Buchherstellung, die uns heute im Zeitalter von Internet und Datenautobahnen oft fremd und fern anmuten.

Buchkultur als Teil der Klosterkultur

Würden sich Adson und William in unserer Zeit im nordostdeutschen Raum auf eine Fahrt zu den Klöstern begeben, sie träfen im Regelfall nur noch die steinernen Zeugen dessen an, was bis zur Reformation mit Leben gefüllt war. Ja – wie im Falle des ehemaligen Zisterzienserklosters Eldena – sie stünden nicht selten vor (im höchsten Maße romantischen) Ruinen einstiger Stätten der Andacht, des Gotteslobs und der wirtschaftlichen Macht. Zumeist hat sich nur die Kirche erhalten, zentraler Raum und Mittelpunkt eines jeden Klosters. In ihr fanden die heiligen Messen und die festgelegten gemeinsamen Gebetsstunden ihren Platz. Klösterliche Kultur war und ist vor allem eine Kultur der Gottesverehrung und des Gotteslobes. Glaube und Gebet kann man in diesem Sinne als Fixpunkte im monastischen Leben bezeichnen. Dieser Lebensweg beinhaltet gewissermaßen nicht zuletzt das „Loslassen von der Welt". Das Kloster (von lat. claustrum: das Schloss, das Abgeschlossene) bietet dafür den nötigen Raum. Der Begriff des Klosters umfasst aber auch die klösterliche Gemeinschaft, in die der einzelne Mönch bzw. die einzelne Nonne „eingeschlossen" ist.

Diese Form des Mönchtums erfuhr in der Regel des Benedikt von Nursia (480 bis um 547) ihre prägende Ausgestaltung, so dass er häufig auch als „Vater des abendländischen Mönchtums" bezeichnet wird.

Das Buch als materieller Gegenstand geistiger Inhalte und deren Überlieferung und Verbreitung war mit dem Begriff des

Mönchtums, ja mit dem Christentum insgesamt, von Anfang an eng verbunden. Das Fundament bildete die Bibel mit dem Alten und Neuen Testament. Ihre enorme und grundlegende Bedeutung macht nicht zuletzt der oft synonym verwendete Begriff „bibliotheca", verstanden als Summe aller Bücher, deutlich. Für Benedikt war der Umgang mit Büchern noch so selbstverständlich, dass ein Kapitel „Abschreiben von Büchern als Aufgabe des Mönchs" nicht vorkommt.[3] Diese Verbindung entsteht erst im Laufe des frühen Mittelalters, in der die Klöster zu den Überlieferungsinstitutionen für (antikes) Schriftgut werden. Das Abschreiben von Büchern erhob sich zum idealen Ausdruck des benediktinischen „Ora et labora" („bete und arbeite"). Das Kopieren von (in der Regel geistlichen) Texten wurde selbst zum „Gottesdienst" und galt als frommes Werk. Die Abbildung aus einer Handschrift aus dem zweiten Drittel des 12. Jahrhunderts macht dies in besonders sinnfälliger Weise sichtbar (Abb. 1). Über die Seele des auf dem Totenbett liegenden Mönchs Swicher, einem „Scriptor", also einem Schreiber, wie den Zeilen darüber zu entnehmen ist, wird unter dem Vorsitz von Christus gerichtet. Der Heilige Michael hält eine Waage, auf der die guten und bösen Taten gegeneinander aufgewogen werden. Das Werk des Schreibers, ein gebundenes Buch (Codex) wird als „gute Tat" in die Waagschale gelegt, worauf sie sich Christus zuneigt. Die Seele des Mönchs wird in der Gestalt eines Kindes von einem Engel in den Himmel aufgenommen, während der Teufel enttäuscht das Weite sucht.[4] Bei der Handschrift, der dieses Bild vorangeht, handelt es sich um die „Etymologiae" des Bischofs Isidor von Sevilla († 633) (S. 76, Abb. 1 oben links), die als Lexikon das gesamte theologische und profane Wissen seiner Zeit überliefern.

Die Zisterzienser und ihre Bücher

Den nordostdeutschen Bereich und insbesondere Pommern kann man – bezogen auf das Mittelalter – als „Zisterzienserland" bezeichnen. Wer waren aber diese Mönche, die in vielen Teilen als Träger einer deutschen Besiedelung der Gebiete östlich des Reiches tätig waren? Schon bald nach der Gründung des Ordens 1098 mit dem Neuaufbau eines Klosters im burgundischen Cîteaux – daher der Ordensname – begriffen sich diese Mönche als benediktinischer Reformorden. Sie besannen sich auf die Ursprünglichkeit der Regel Benedikts und befreiten sie von den zahlreichen „Gewohnheiten", die von Kloster zu Kloster variierten. Unter dem „zweiten Ordensgründer", dem charismatischen Bernhard von Clairvaux († 1153), erlebten die Zisterzienser einen ungeahnten Zulauf. Neben zahlreichen

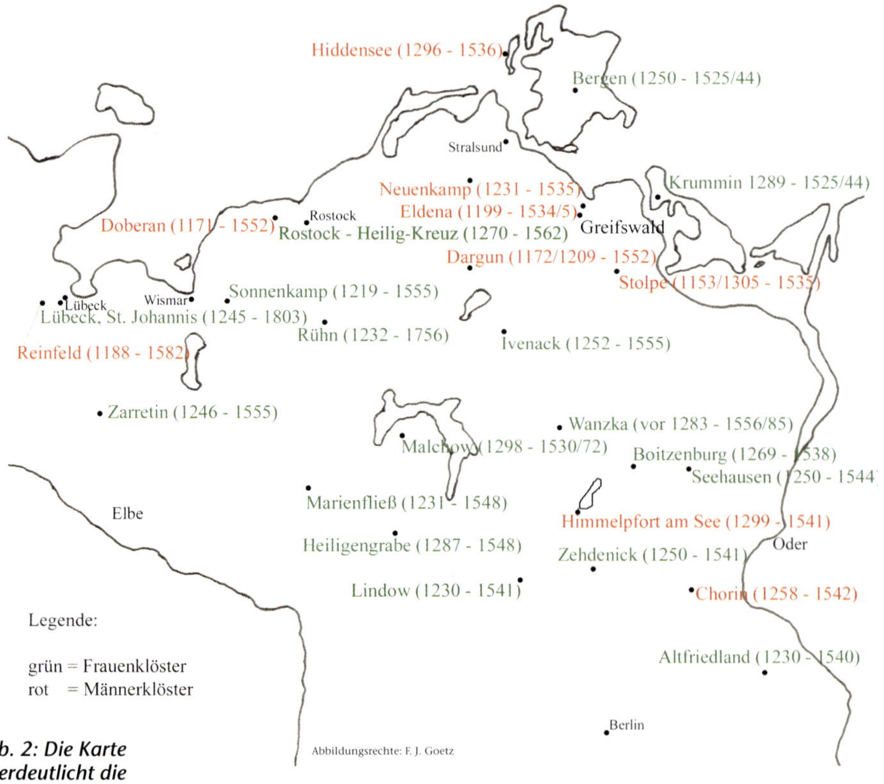

Abb. 2: Die Karte verdeutlicht die rasche Ausbreitung des Zisterzienserordens im nordostdeutschen Raum in den Jahren um und nach 1200. Im Gebiet des heutigen Mecklenburg-Vorpommern existierten im Spätmittelalter 15 Zisterzienser- und Zisterzienserinnenkonvente (sechs Männer- und neun Frauenklöster).

Neugründungen schlossen sich auch bereits bestehende Klöster der neuen Bewegung an. Innerhalb weniger Jahrzehnte entstanden so Hunderte von Zisterzienser- und Zisterzienserinnenkonvente (Abb. 2).

Für einen engen Zusammenhalt sorgte eine strenge Strukturierung des Ordens mit einem weisungsbefugten „Generalkapitel" (einer Äbteversammlung zur Regelung der inneren Angelegenheiten des Ordens). Die Klöster wirkten nicht mehr als unabhängige Gemeinschaften, sondern hatten sich ihrer Mutterabtei bzw. dem Generalkapitel in vielen Angelegenheiten unterzuordnen (Filiationsprinzip). So entstand eine erstaunliche Uniformierung klösterlichen Lebens, insbesondere auch im Bereich des Gottesdienstes und des täglichen Stundengebetes. Dies wirkte sich auch bei der Bereitstellung von Büchern aus. So schrieb die sogenannte „Charta charitatis", eine Art „Verfassung" der zisterziensischen Ordensstruktur, vor, „dass alle dieselben liturgischen Bücher und Gebräuche haben sollen. Alle ihre Mönche, die uns besuchen, nehmen wir bei uns auf, wie auch sie die unseren in ihren Klöstern aufnehmen. Darum halten wir es für angebracht und es ist auch unser Wille, dass ihre Bräuche, ihr Gesang und alle für die Gebetszeiten bei Tag und Nacht und für die Messe notwendigen Bücher mit denen des Neuklosters übereinstimmen, damit in unseren Handlungen keine Uneinigkeit herrscht."[5](Abb. 3). In einer „Kurzredaktion" der Charta wird dies präzisiert: „Das Missale, Evangeliar, Epistolar, das Kollektar, Graduale, Antiphonar, Hymnar, Psalterium, Lektionar, die Regel und das Kalendar sollen überall übereinstimmen."[6] Mit diesen Büchern besaß jedes Kloster einen einheitlichen Rahmen für die liturgischen Pflichten (Stundengebet und Messe). Dazu benötigte man noch Texte für Tischlesungen, die bei der schweigend eingenommenen Mahlzeit für eine geistige Stärkung sorgten. Dafür benutzte man gerne Heiligenlegenden, die als „exemplum", das heißt als Beispiel, für ein tugendhaftes christliches Leben dienten. Viele Texte der alltäglichen Gebete hatte der Mönch bzw. die Nonne auswendig zu lernen.

Im Rückgriff auf die Regel Benedikts[7] pflegte man bei den Benediktinern und Zisterziensern das Studium der „Kirchenväter", besonders Augustinus (354–430), Gregor der Große († 604) und Hieronymus († um 420). Im Zuge der Berührung des Christentums mit der arabischen Welt während der Kreuzzüge und der christlichen Rückeroberung Spaniens (der Reconquista) gelangten im 12. Jahrhundert Texte der klassischen griechischen Philosophie, vor allem bis dahin wenig bekannte Schriften von Aristoteles, in die abendländische Geisteswelt und beeinflussten sie stark. Gleichzeitig begann man, das Kirchenrecht zu sammeln, zusammenzufassen und neu zu ordnen. An den neu entstandenen Universitäten in Frankreich und Italien begann man, sich verstärkt mit Jurisprudenz, Medizin und Theologie bzw. Philosophie auseinanderzusetzen. Träger dieser Bewegung waren zumeist Mitglieder der neuen Bettelorden der Franziskaner und Dominikaner, die in der Zeit kurz nach

01.45–02.00 Uhr	*Aufstehen*
02.00–03.00 Uhr	*Vigilien (Nachtwachen)*
03.00–03.10 Uhr	*Laudes (Stundengebet, Morgenlob)*
03.10–04.00 Uhr	*Matutinalmesse (Frühmesse)/Privatmessen*
04.00–05.00 Uhr	*Prim (Stundengebet, 1. Stunde)*
	Kapitelversammlung (Tageseinteilung)
05.00–07.45 Uhr	*Arbeit*
07.45–08.00 Uhr	*Terz (Stundengebet, 3. Stunde)*
08.00–08.50 Uhr	*Konventmesse*
08.50–10.40 Uhr	*Arbeit/Lektüre*
10.40–11.00 Uhr	*Sext (Stundengebet, 6. Stunde)*
11.00–14.00 Uhr	*Mittagessen, Mittagsruhe*
14.00–14.30 Uhr	*Non (Stundengebet, 9. Stunde)*
14.30–18.00 Uhr	*Arbeit*
18.00–18.45 Uhr	*Vesper (Stundengebet)*
18.45–19.00 Uhr	*Abendessen*
19.00–20.00 Uhr	*Komplet (Stundengebet, Abendgebet)*
20.00–01.45 Uhr	*Nachtruhe*

Abb. 3: Tagesablauf eines Zisterziensermönchs im Mittelalter. Die Arbeitszeiten konnten durchaus aufgrund des Wegfalls von Stundengebetszeiten verlängert werden. Dies betraf jedoch nicht nur die Schreiber, sondern auch die in der Landwirtschaft tätigen Mönche.

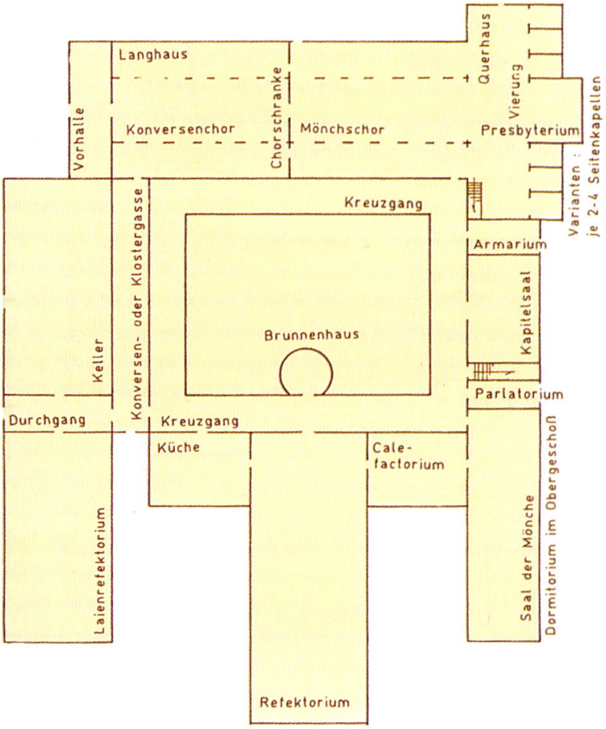

Abb. 4: Nachträglich konstruierter Idealplan eines Zisterzienserklosters. Die Ausgestaltung des Modells hing natürlich auch von den örtlichen Geländegegebenheiten ab.

1200 entstanden und bald die geistige Führung in Europa übernahmen.[8] Die Zisterzienser passten sich dem Wandel hin zur Scholastik schnell an und gründeten 1245 in Paris ein eigenes Studienhaus, das den Mönchen ein (theologisches) Studium ermöglichen sollte. Es wurde den einzelnen Klosterkonventen sogar auferlegt, einige ihrer Mitglieder zum Studieren zu senden. Die notwendigen Mengen an Schriftgut stiegen damit stark an. Gleichzeitig können wir im 13. Jahrhundert beobachten, dass die durch Schenkungen reich gewordenen und wirtschaftlich äußerst effizient arbeitenden Zisterzienserklöster[9] verstärkt eine schriftliche Verwaltung aufbauten.

Produktionsprozesse der Buchherstellung im mittelalterlichen Klosterskriptorium

Die Bücher, die ein Kloster für den täglichen Gebrauch, zum weiterführenden Studium, aber auch in rechtlichen Angelegenheiten benötigte, konnte man natürlich nicht im Buchladen um die Ecke kaufen. Bücher mussten mühevoll in Handarbeit erstellt werden; ebenso Urkunden oder sonstiges Verwaltungsschriftgut. Um diese Aufgaben zu bewältigen, verfügte fast jedes Kloster über ein Skriptorium, eine Schreibstube. Der Begriff bezeichnet dabei sowohl den Ort des Schreibens wie auch die Gruppe derjenigen Mönche oder Nonnen, die dieser Aufgabe nachgingen. Einen eigenen Raum zum Abschreiben der Bücher, so lässt Eco seine Hauptfigur Adson von Melk bemerken, gab es nicht überall. St. Gallen wird erwähnt, auf dessen Klosterplan aus dem 9. Jahrhundert das Skriptorium zusammen mit der Bibliothek unmittelbar neben der Kirche liegt (siehe S. 68, Abb. 3, Nr. 5). In einem auf vergleichenden Baubefunden beruhenden Idealplan eines Zisterzienserklosters wird eine Schreibstube nicht ausdrücklich verzeichnet, wohl aber ein „Armarium", die geistige „Waffenkammer" des Klosters, also die Bibliothek (Abb. 4). Deren Lage ist allerdings zentral: Sie liegt zwischen Kapitelsaal (dem Versammlungsraum der Mönche) und Kirche, die Mönche oder Nonnen konnten den Raum schnell und einfach erreichen. Dieser war jedoch zu klein, um noch Schreiber aufzunehmen. Zudem war das Armarium in der Regel ohne größere Beleuchtung.

Geschrieben wurde in Klöstern wie Eldena oder Doberan, legt man einen ähnlichen Plan zugrunde, wohl im „Saal der Mönche" unterhalb des Dormitoriums. Dort gingen die Mönche gemäß der benediktinischen Regel aber auch anderen handwerklichen Arbeiten nach.

Bevor man mit dem eigentlichen Schreiben bzw. Abschreiben eines Buches beginnen konnte, waren umfangreiche Vorarbeiten notwendig. Zuerst musste man sich um den Beschreibstoff bemühen. Bis zum 14. Jahrhundert war dies in der Regel Pergament, das man aus Häuten von Kälbern, Schafen oder Ziegen gewann. Das ganze Mittelalter hindurch blieb das Pergament ein kostbarer Beschreibstoff, das normalerweise nur für Reinschriften verwendet wurde. Für eine Handschrift mussten oft Dutzende von Tieren ihre Haut lassen. Die Tierhaut wurde in eine Kalklauge eingelegt, bis sich Fleisch und Haare mit einem Schabeisen abschaben ließen. In der Regel stellten die Klosterinsassen das Pergament selbst her. Mit dem Aufstieg der Städte trifft man jedoch immer häufiger professionelle Pergamentmacher (Abb. 5). In der hier gezeigten Abbildung aus einer in Hamburg um die Mitte des 13. Jahrhunderts entstandenen Bibel kauft ein Mönch von einem solchen „Permenter" das Pergament, das zum Transport aufgerollt wurde. Im Hintergrund ist noch deutlich das Schabeisen sowie der Rahmen zu sehen, in dem die gekalkte Tierhaut zur Bearbeitung aufgespannt wurde. Das Aufspannen verhinderte auch, dass sich das Pergament zu sehr verformte. Eine Weiterbehandlung konnte erfolgen, indem man das Pergament mit Bimsstein aufrauhte, mit Kreide aufhellte oder durch Befeuchtung glättete. Danach konnte es auf den Tisch des Schreibers wandern. Dieser schnitt das Pergamentstück auf die entsprechende Größe zu. Dabei benutzte er, wie in der Abbildung zu sehen ist, ein Lineal und ein Federmesser, das auch zur Präparierung der Schreibfedern diente (Abb. 6).

Anschließend konnte der Schriftspiegel festgelegt werden. Mit einem Lineal wurden Linien gezogen. Einen gleichmäßigen Linienabstand garantierte ein Zirkel bzw. ein ähnliches Gerät zur Abstandkennzeichnung, etwa eine mit Dornen versehene Rolle. Die Spuren dieser Arbeit sieht man heute noch oft in mittelalterlichen Handschriften als kleine, regelmäßige Einstiche am Blattrand (Abb. 7).

Nun ist das Blatt zum Schreiben bereit, doch dem Schreiber fehlen natürlich noch weitere Gerätschaften: Schreibwerkzeug und Tinte. Als Schreibwerkzeug dienten Vogelfedern, meist von Gänsen. Diese wurden von störenden Teilen befreit, so dass in der Regel nur der Kiel übrigblieb. Mit dem Federmesser schnitt man den Federkiel zu. Dabei musste der Schreiber auf eine gleichmäßige Strichstärke bei der Benutzung achten, ebenso auf einen gleichmäßigen Tintenfluss. Die Form ähnelt im Prinzip derjenigen heutiger Füllfederhalter. Für eine gleichmäßige Abgabe der Tinte sorgt ein vertikaler Einschnitt in der Mitte der Spitze (Abb. 8).

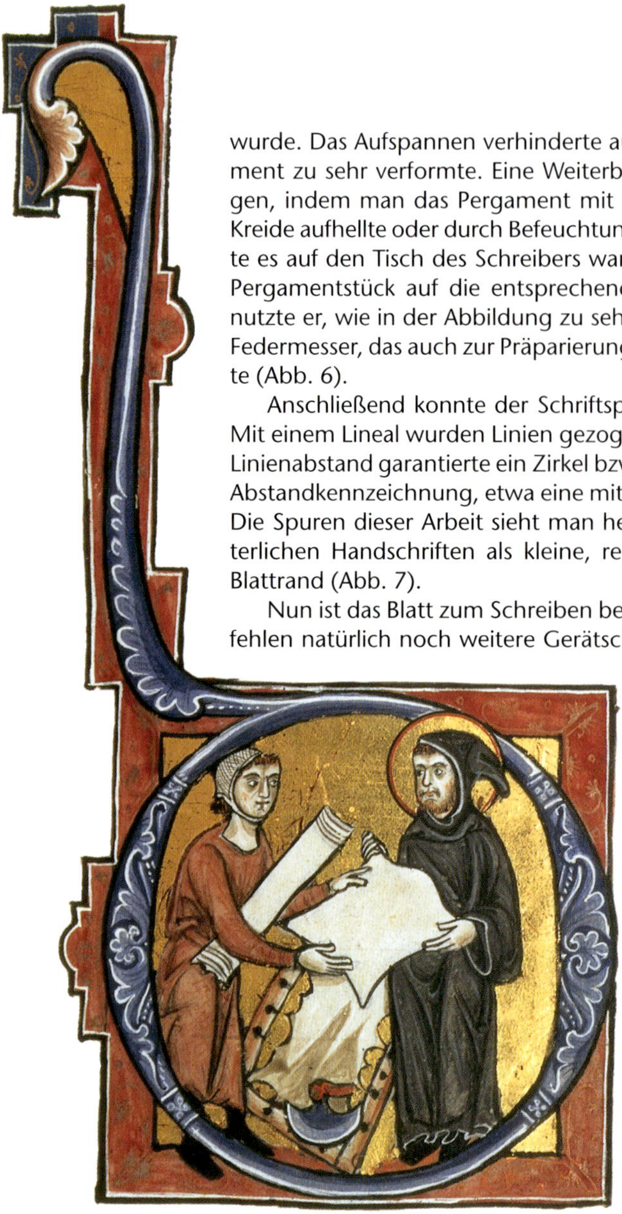

Abb. 5: Verkauf von Pergament durch einen Pergamentmacher an einen Mönch. Bibelhandschrift aus Hamburg, Mitte 13. Jahrhundert

Für die Zubereitung der Tinten gab es zahlreiche Rezepte. Alle diese Anweisungen setzen eine längere Vorbereitungsphase voraus. Schwarze Tinte konnte man zum Beispiel aus Ruß herstellen. Dieses Verfahren war bereits seit der Antike bekannt. Plinius der Ältere († 79 n.Chr.) beschreibt es in seiner „Naturge-

schichte" folgendermaßen: „[...] das Schwarz lässt sich auf mehrfache Weise aus Ruß herstellen, durch Verbrennen von Harz oder Pech, wozu sogar Anlagen errichtet wurden, die jenen Qualm nicht austreten lassen. Am meisten schätzt man das in gleicher Weise aus Kienholz gewonnene Schwarz. Man verfälscht es mit dem Ruß aus den Öfen und Bädern, den man zum Bücherschreiben verwendet [...]. Alles Schwarz aber wird an der Sonne fertiggemacht, wobei man das zum Schreiben verwendete Schwarz mit Gummi, das für den Anstrich mit Leim vermischt".[10] Eine bräunliche Tinte konnte man in einem aufwendigen Verfahren aus Dornenzweigen gewinnen. Eine tiefschwarze Tinte erzielte man, indem man Eisen- bzw. Kupfersulfat mit Gerbstoffen, Binde- und Lösungsmitteln versetzte. Die daraus gewonnene Eisen-Gallus-Tinte konnte allerdings den Beschreibstoff stark angreifen, was bis zum Herausbrechen ganzer Textstellen führen kann (Tintenfraß). Das Schreiben von Büchern hieß in erster Linie, eine vorhandene bzw. manchmal sogar mühevoll beschaffte Vorlage zu kopieren. Das abzuschreibende Buch konnte zur Beschleunigung der Arbeit in Tei-

Abb. 6: Ein Mönch legt nach dem Zuschneiden des Pergaments den Schriftspiegel fest. Bibelhandschrift aus Hamburg, Mitte 13. Jahrhundert

Abb. 7: Ein Mönch zieht mit Hilfe eines Lineals die Linien auf dem Pergament. Mit einem Zirkel steckt er die Zeilenhöhe ab. Bibelhandschrift aus Hamburg, Mitte 13. Jahrhundert

Abb. 8: Ein Mönch radiert mit einem Federmesser Fehler aus dem Pergament. Auf dem Schreibpult erkennt man ein Tintenfass aus Rinderhorn. Bibelhandschrift aus Hamburg, Mitte 13. Jahrhundert

le zerlegt und an mehrere Schreiber gleichzeitig verteilt werden. Betätigte sich eine Nonne oder ein Mönch als Autor, nutzte man für die Konzepterstellung kleine Wachstafelbüchlein oder Pergamentreste, von denen dann Stück für Stück eine Reinschrift erstellt wurde.[11] Das eigentliche Schreiben kam nämlich eher einem „Malen" von Buchstaben gleich.

Erst im Verlaufe des Spätmittelalters setzten sich Schriften durch, die einen stark kursiven Charakter hatten. Buchstaben wurden miteinander verbunden, was die Schreibgeschwindigkeit erhöhte, der Lesbarkeit aber nicht unbedingt zuträglich war. Für Bibeltexte, Messbücher und „feierliche" Texte blieb das Buchstabenmalen Standard. Für diese Bücher entwickelte sich sogar ein eigener, sehr unpersönlicher Schriftstil im 14./15. Jahrhundert, die sogenannte „Textura formata", bei der sich die beschriebene Seite uns als ein dicht gewebtes Netz starrer Linien darbietet.[12] Wie mühevoll dieses „Malen" der Buchstaben war, offenbaren uns Anmerkungen von Schreibern, sogenannte „Schreibersprüche", die sich zumeist am Schluss des abgeschriebenen Werkes finden. Bereits im 8. Jahrhundert teilt uns ein Schreiber mit: „Der, der nicht weiß zu schreiben, glaubt nicht, dass dies eine Arbeit sei. O wie schwer ist das Schreiben: es trübt die Augen, quetscht die Nieren und bringt zugleich allen Gliedern Qual. Drei Finger schreiben, der ganze Körper leidet."[13] Hatte der Schreiber den Text einer Lage (mehrere gefaltete und ineinandergesteckte Doppelblätter, die bei der Bindung des Buches gemeinsam befestigt wurden) oder des Buches fertig, begann die Auszeichnung und Ausstattung der Blätter. Ein „Rubrikator", wie ihn die Romanfigur Adson im Skriptorium zu Gesicht bekam, schrieb die roten Überschriften und fügte Kapitelzeichen ein bzw. markierte einzelne Sinnabschnitte mit roter Tinte. Rote Tinte erhielt man zum Beispiel aus Mennige, lat. „minium", davon leitet sich der Begriff „Miniatur" ab. In kleineren Skriptorien erledigte diese Arbeit meist der Schreiber selbst. Sehr wertvolle Handschriften konnten aber auch mit Gold- oder Silbertinten geschrieben sein. Die Ausstattung zu vollenden blieb dem „Illuminator" überlassen, der die Handschrift mit kostbaren Anfangsbuchstaben (Initialen) und Miniaturen versah. In der Initiale der Bibel aus Hamburg sehen wir einen solchen Buchmaler bei der Arbeit, wie er mit einem feinen Pinsel Zug um Zug die Farben aufträgt. Diese mussten wie die Tinte ebenfalls in aufwendigen Verfahren hergestellt werden (Abb. 9).[14]

Eine farbige Ausstattung von Büchern ist jedoch im Mittelalter eher die Ausnahme als die Regel. Die Zisterzienser lehnten eine farbige Gestaltung (nicht nur des Buches) gänzlich ab. In den frühen Generalkapitelsbeschlüssen heißt es dazu: „Die Initialen sollen einfarbig und ohne Malereien sein [...]"[15]. Doch stellt man auch bei den Zisterziensern bald gegenläufige Tendenzen fest. Die Buchmalerei diente ja nicht nur der äußeren Prachtentfaltung. Farben und Formen konnten dem mittelalterlichen Leser und Betrachter auch weitere Dimensionen eröffnen, man denke nur an die Bedeutung von Farben, wie etwa Rot als königliche Farbe oder Weiß als Farbe der Reinheit und Unschuld. So kann eine Buchseite – ähnlich wie ein Kräutergarten eines mittelalterlichen Klosters – über die rein praktischen

Abb. 9: Ein Buchmaler (Illuminator) bei der Arbeit an einem Porträt. Mit einem feinen Pinsel gestaltet er die Gesichtszüge. Rechts von ihm die benötigten Farben auf einer Palette.

oder auch ästhetischen Gesichtspunkte auf einer neuen Ebene „gelesen" und entdeckt werden.[16]

Bevor nun das fertig geschriebene, rubrizierte und illuminierte Buch seinen Weg zum Leser finden konnte, musste es noch gebunden werden. Die einzelnen Lagen wurden auf sogenannte Bünde, quergelegte Schnüre oder Pergamentstreifen, geheftet. Dazu nutzte man eine Heft- oder Buchbinderlade, wie sie in ähnlicher Form auch heute noch beim Buchbinden von Hand eingesetzt wird. Die Deckel, die in der Regel aus Holz bestanden, wurden mit Leder überzogen, ein flexibler Rücken eingearbeitet und dann mit Hilfe der Bünde mit dem Buchblock verbunden. Bucheinbände konnten sehr schlicht ausfallen, oftmals verzierte man sie aber mit Stempelmustern. Kostbare Bücher, wie zum Beispiel Evangeliare, konnten reich verzierte Buchdeckel erhalten, geschmückt mit Gold und Edelsteinen.

Stadt und Universität – Veränderungen im Buchgewerbe

In großen Klosterskriptorien kann man von einem stark arbeitsteiligen Herstellungsprozess von Handschriften ausgehen. Man denke nur an Zisterzienserklöster wie das niederrheinische Kamp, das als Mutterkloster für zahlreiche Neugründungen in den Ostgebieten zuständig war und innerhalb weniger Jahre mehrere Tochterklöster mit Mönchen versorgte. Im Verlauf des 14. Jahrhunderts zogen sich jedoch immer mehr Klöster aus der Buchproduktion zurück, die (Hanse-)Städte hatten mittlerweile auch in diesem Bereich eine Führungsrolle übernommen. Ihr wirtschaftlicher Aufstieg bedingte eine stärkere Verschriftlichung der „Laien". Das Monopol der Schriftlichkeit in der Hand von Geistlichen ging seinem Ende entgegen.

Lese- und schreibfähig mussten nun auch Kaufleute und städtische bzw. fürstliche Bedienstete werden, um die immer komplexeren wirtschaftlichen und politischen Beziehungen zu meistern. Die schriftliche Buchführung wurde zur Notwendigkeit bei Fernhandelsgeschäften, das Lesen erleichterte zum Beispiel die genaue Kennzeichnung von Waren.[17] Hinzu trat die Ausdifferenzierung des städtischen Handwerks, was zu einer Beschleunigung und Verbilligung von Produktionsprozessen führte.

Im Bereich der Buchherstellung ermöglichte die Einführung des Beschreibstoffes Papier, das aus China über den arabischen Raum im 11./12. Jahrhundert nach Europa gelangte, eine zusätzliche Kostenreduzierung.[18] Der Bevölkerungsanstieg in den Städten, vor allem im 15. Jahrhundert, bedingte einen Ausbau städtischer Verwaltung – erinnert sei hier nur an die verstärkte Führung von Ratsprotokollen oder eine Ausweitung der Justiz. Auch an den Fürstenhöfen ging die Territorialisierung und Verräumlichung der Herrschaftsbeziehungen Hand in Hand mit einer Verdichtung, das heißt Verschriftlichung der Verwaltung. Die Geistlichkeit war von diesen Prozessen natürlich nicht ausgeschlossen. Bettelordensklöster wurden fast ausschließlich in Städten errichtet und gaben dem reich gewordenen Bürgertum die Möglichkeit, verstärkt für ihr persönliches Seelenheil zu sorgen. Die zahlreichen Stiftungen an den jeweiligen Ordenskirchen und (neugebauten) Stadtkirchen sind lebendiger Ausdruck für die Religiosität des Stadtbürgertums. Diese Entwicklungen setzten auch neue Ressourcen für eine verstärkte Buchproduktion frei.

In vielen Städten entstanden zudem Universitäten, die relativ schnell Klöster und Domschulen als Träger höherer Bildung ablösten. An der Gründung der Universität Greifswald im Jahr

1456 lässt sich ablesen, dass das städtische Bürgertum auch zu einem Träger von Bildung aufgestiegen war. Im Gegensatz zu anderen landesherrlichen Stiftungen nahm sie ihren Ausgang in der privaten Stiftung des Bürgers Heinrich Rubenow. Gleichzeitig ist jedoch auch die Kirche in nicht zu unterschätzender Weise beteiligt. Der Blick fällt dabei wieder auf das Kloster Eldena, dem schon die Stadt Greifswald ihre Entstehung in der Mitte des 13. Jahrhunderts verdankte. Rubenow konnte den damaligen Abt des Klosters, Sabellus, für die Universitätsgründung gewinnen. Zur Dotierung übertrugen die Zisterziensermönche das Patronat über die drei städtischen Pfarrkirchen an die Universität.

Ein Aufschwung des Buchwesens in der Stadt Greifswald kann mit der Errichtung des Generalstudiums ohne Zweifel angenommen werden, kaufte doch allein Rubenow juristische Bücher im Wert von mehr als 1000 Gulden.[19] Das Ende der handschriftlichen Buchproduktion in größerem Stil war zwar für die Greifswalder zu dieser Zeit noch nicht absehbar, die „Medienrevolution" hatte mit der Erfindung des Buchdrucks durch Johannes Gutenberg in Mainz um 1450 aber bereits begonnen. Diese neue Kunst breitete sich rasch über ganz Europa aus, und schon um 1480 überflügelte die Produktion gedruckter Bücher diejenige der Handschriften. Die Klöster gehörten übrigens von Beginn an zu den eifrigsten Abnehmern der Buchdrucker. So haben sich auch aus dem Kloster Eldena zahlreiche Frühdrucke (Inkunabeln) in den Bibliotheken und Archiven Greifwalds erhalten. Die Zeit der klösterlichen Skriptorien in Norddeutschland erlosch schließlich mit der Reformation endgültig.

Literatur

1 Eco, Umberto: Der Name der Rose. Aus dem Italienischen von Burkhart Kroeber, München 1982, S. 96 ff.

2 Ein durchschnittlich ausgestattetes Kloster besaß im Spätmittelalter (nach einer oft jahrhundertelangen Sammeltätigkeit!) selten mehr als 400 – 500 Bände mit Handschriften.

3 So wird in der Regel öfters einfach von Vorlesen oder Lesen gesprochen. In Kapitel 48 heißt es schlicht: „Für diese Tage der Fastenzeit erhält jeder aus der Bibliothek ein Buch, das er von Anfang bis Ende ganz lesen soll.", deutsche Übersetzung nach: Die Benediktus-Regel. Lateinisch – Deutsch, hg. von P. Basilius Steidle OSB, 4. Auflage Beuron 1980, S. 145 ff.

4 München, Bayerische Staatsbibliothek, Clm 13031, fol. 1 r

5 Charta Charitatis Prior, Kapitel 3, deutsche Übersetzung nach: „Einmütig in der Liebe". Die frühesten Quellentexte von Cîteaux. An-

tiquissimi Textus Cistercienses lateinisch – deutsch, hg. von Hildegard Brem und Alberich Martin Altermatt. (= Quellen und Studien zur Zisterzienserliteratur Bd. 1), 2. Auflage Langwaden/Turnhout 1998, S. 103

6 Summae Chartae Charitatis, Kapitel 10, deutsche Übersetzung nach „Einmütig in der Liebe. Die frühesten Quellentexte von Cîteaux. Antiquissimi Textus Cistercienses lateinisch – deutsch, hg. von Hildegard Brem und Alberich Martin Altermatt (= Quellen und Studien zur Zisterzienserliteratur Bd. 1), 2. Auflage Langwaden/Turnhout 1998, S. 49

7 Regula Benedicti, Kapitel 73: „Wer aber im klösterlichen Leben rasch zur Vollkommenheit gelangen will, den verweisen wir auf die Lehren der heiligen Väter, deren Beobachtung den Menschen bis zur Höhe der Vollkommenheit führt", deutsche Übersetzung nach: Die Benediktus-Regel. Lateinisch – Deutsch, hg. von P. Basilius Steidle OSB. 4. Auflage Beuron 1980, S. 187

8 Stellvertretend seien hier genannt: Albertus Magnus (†1280), Thomas von Aquin (†1274) und Bonaventura (†1274)

9 siehe dazu Ribbe, Wolfgang: Die Wirtschaftstätigkeit der Zisterzienser im Mittelalter: Agrarwirtschaft, in: Die Zisterzienser. Ordensleben zwischen Ideal und Wirklichkeit, Köln 1980 (= Schriften des Rheinischen Museumsamtes Nr. 10) sowie Rösener, Werner: Die Zisterzienser und der wirtschaftliche Wandel des 12. Jahrhunderts, in: Bernhard von Clairvaux und der Beginn der Moderne, hg. von Dieter R. Bauer u.a. Innsbruck/Wien 1996, S. 70–95 und Schreiner, Klaus: Zisterziensisches Mönchtum und soziale Umwelt. Wirtschaftlicher und sozialer Strukturwandel in hoch- und spätmittelalterlichen Zisterzienserkonventen, in: Die Zisterzienser. Ordensleben zwischen Ideal und Wirklichkeit. Ergänzungsband, hg. von Kaspar Elm u.a. (= Schriften des Rheinischen Museumsamtes 18), Köln 1982, S. 79–135

10 Plinius, Historia Naturalis, Liber 35, 25, 41–43, deutsche Übersetzung nach Czech, Alfred: In mittelalterlichen Schreibwerkstätten, MPZ-Themenheft (Museumspädagogisches Zentrum), München 1995, S. 17

11 siehe „Schulfund", in: Wege zur Backsteingotik, Die Hanse. Macht des Handels (Lübeck), hg. von Deutsche Stiftung Denkmalschutz, Bonn 2002, S. 95

12 siehe Beitrag Alvermann, Schrift, S. 91 ff.

13 deutsche Übersetzung zitiert nach Trost, Vera: „Drei Finger schreiben, aber der ganze Körper arbeitet ...". Zur Buchherstellung im Mittelalter, in: Schreibkunst. Mittelalterliche Buchmalerei aus dem Kloster Seeon, hg. von Josef Kirmeier, Alois Schütz und Evamaria Brockhoff (= Veröffentlichungen zur Bayerischen Geschichte und Kultur Nr. 28), Augsburg 1994, S. 122

14 siehe Trost, Vera: Skriptorium. Die Buchherstellung im Mittelalter (= Heidelberger Bibliotheksschriften 25), Heidelberg 1986, S. 32 ff.

15 Instituta Generalis Capituli apud Cistercium 43 [82], deutsche Übersetzung zitiert nach: „Einmütig in der Liebe". Die frühesten Quellentexte von Cîteaux. Antiquissimi Textus Cistercienses lateinisch – deutsch, hg. von Hildegard Brem und Alberich Martin Altermatt (= Quellen und Studien zur Zisterzienserliteratur Bd. 1), 2. Auflage Langwaden/Turnhout 1998, S. 173

16 siehe Beitrag Küster, Paradies, S. 64 ff.

17 siehe „Zettel" an einem Stoff für Stralsund, in: Wege zur Backsteingotik, Maritime Macht (Stralsund), hg. von Deutsche Stiftung Denkmalschutz, Bonn 2002, S. 44

18 Die erste Papiermühle in Deutschland enstand 1390 in Nürnberg.

19 Zur Gründung der Universität Greifswald siehe zuletzt Link, Achim: Auf dem Weg zur Landesuniversität, Studien zur Herkunft spätmittelalterlicher Studenten am Beispiel Greifswald (1456–1524) (= Beiträge zur Geschichte der Universität Greifswald Bd. 1), Stuttgart 2000

Dei nomine inuocato qui in sanctis suis gloriosus et
in maiestate mirabilis cuius ineffabilis altitudo
prudencie nullis terminis comprehensa pro consilio
iudicii celestia pariter et terrena disposuit ut queque suis contenta
limitibus regulari ordine gubernentur. Hinc ad perpetuam rei
memoriam Nos. Wolterus de lubeke. Raboto. Hinricus
westfal. Gherardus de clutsemanshaghen. Hinricus vnke
now Thidericus scupplenberg. Hinricus de griphenbergh.
Elerus de dume. Johannes hilsheman. Hinricus de gotlandia
Lambertus de lippia. Johannes butsowe. Hinricus leuenhaghen
Wolterus de menuele. Bertrammus roghebuch. Hinricus
osenbrughe. Martinus de munster. Bolto mulard. Her
mannus hufnaghel. Gotsherus suderland. Euerhardus
wale. Euerhardus lecenz. Hinricus de kyle. Hinricus
stumpel. Brownus de nyenkerken. Nicolaus de lubeke.
Consules noui et antiqui necnon commune ciuitatis Gri
peswold: Cupientes ex sincere dilectionis constancia ut futurorum
felix successio priorum regulariter sequens vestigia in periculis prius
sis munita rem gestam et memorie omnium traditam susci
piat letanter intueatur et contempletur hilariter, ut ex eius exemplari
admoniti ipsorum prosperitas florida serenius confirmetur.
Quapropter ad noticiam vniuersorum volumus clarius peruenire
quod in regno dacie regnantibus. Cristoforo et suo filio herico

Dirk Alvermann

Schlüssel des Wissens, Spiegel von Kunst und Geist

Die Schrift der Gotik

Als um die Mitte des 12. Jahrhunderts die Christianisierung der Ostseeslawen in den nordöstlichen Grenzgebieten des mittelalterlichen Reiches erste dauerhafte Erfolge verzeichnete, vollzog sich im Westen Europas eine grundlegende Richtungsänderung der Kultur. Um 1150 begann in Westeuropa, vermittelt durch die Kommentare arabischer Philosophen, die Wiederentdeckung der Werke des Aristoteles. Zwanzig Jahre später wurde die Universität von Paris gegründet, und 1194 legte man den Grundstein für die Kathedrale von Chartres, die ein Hauptwerk der gotischen Baukunst werden sollte. Franz von Assisi, Thomas von Aquin, Roger Bacon, Duns Scotus, Dante Alighieri und Wilhelm von Ockham bereiteten das Feld für unser modernes Weltbild. Das Mittelalter legte ein neues Gewand an, welches die Nachwelt vor allem in den Formen der Gotik, der Gedankenwelt der Scholastik und den Ausdrucksformen der Minne wahrnahm.

Abb. 1: Die Descriptio Gryphiswaldensis berichtet über den Kampf der Stadt Greifswald im Rügischen Erbfolgekrieg (1326–1328). Textus rotundus aus der Mitte des 14. Jahrhunderts mit Fleuronné-Initiale

Bildung und damit auch die Schriftlichkeit traten aus dem religiösen Bereich heraus, der Antrieb des Schreibens selbst wandelte sich. Schrift wurde vom Medium des Glaubens zur Ausdrucksform der Wissenschaft, eine in erster Linie religiös inspirierte Tätigkeit zur Produktion, Manuskripte wurden zum Handelsgut.

Die gotische Schrift ist die Form, in der das geistige Erbe des lateinischen Mittelalters auf uns gekommen ist. Ihre Bezeichnung als „scriptura gotica" wurde erst seit dem 18. Jahrhundert

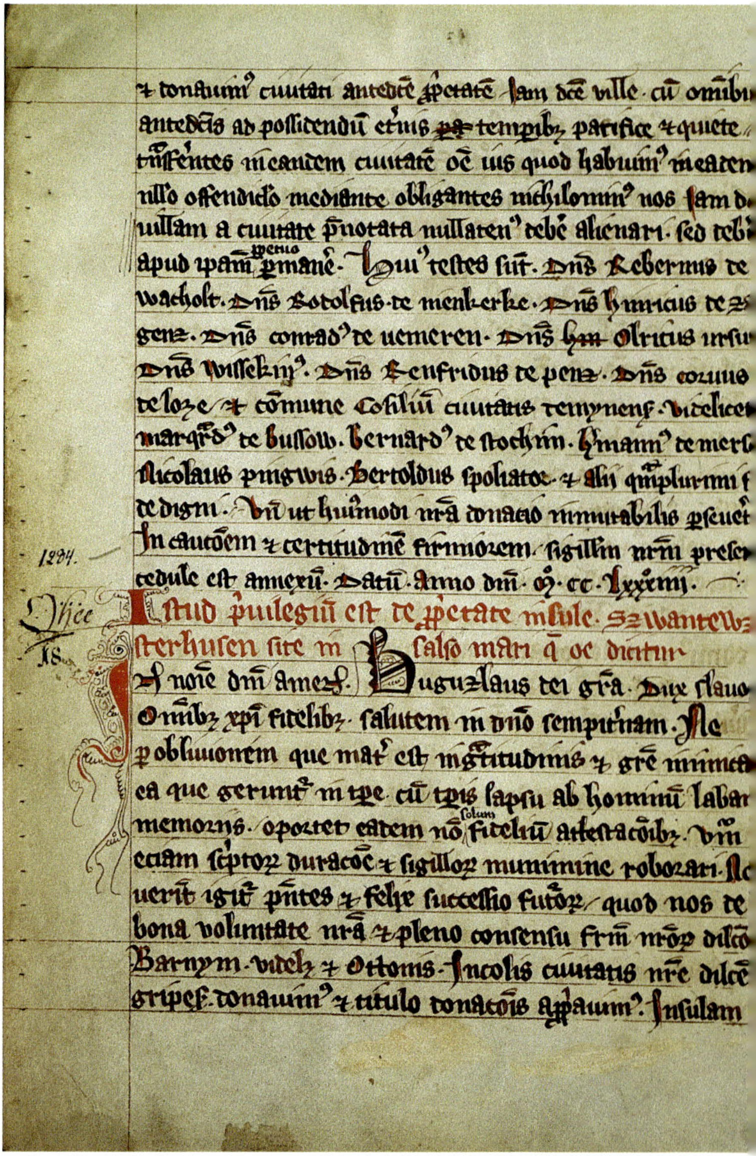

Abb. 2: Eine Variante der Textura ist der Textus rotundus, hier auf dem ältesten Diplomatar der Stadt Greifswald. Diese Handschrift bewahrt die wichtigsten Privilegien der Stadt in getreuen Urkundenabschriften. Textus rotundus, Mitte 14. Jahrhundert, mit rund gestalteten Schaftfüßen

üblich, als man, ganz in humanistischer Tradition stehend, die Kunst- und Ausdrucksformen des „finsteren" Mittelalters gerne barbarisierte. So unterschied man sie von der „scriptura antiqua" mit der man die karolingische Minuskel bezeichnete, welche die Humanisten irrigerweise für römisch, jedenfalls klassischen Ursprungs hielten – ein Irrtum, der das mit dem Namen verbundene Werturteil ad absurdum führte. Nicht selten wurde die gotische Schrift auch geradezu als „deutsche Schrift" bezeichnet. Doch die gotische Formenwelt war alles andere als eine nationale Ausdrucksform. Sie hatte eine lateinische, eine abendländische Gültigkeit in Baustil, darstellender Kunst und eben auch in der Schrift.

Der neue Schreibstil hatte sich seit dem 11. Jahrhundert angekündigt. Sein Aufkommen fällt zeitlich zusammen mit der endgültigen Ablösung des Schreibrohrs oder -griffels durch die Feder im 12. Jahrhundert. Auch die fast gleichzeitige Einführung des Papiers anstelle des weitaus kostspieligeren Pergaments erleichterte seine Verbreitung. Besonders auffällig wird dieser neue Entwicklungsabschnitt im Wandel der Buchschriften des 13. Jahrhunderts. Parallelen des Schriftcharakters zum Baustil der Gotik mit seinen überschlanken Pfeilern, Spitzbögen und Bogenverstrebungen, seiner Freude an verschleifenden Übergängen und der häufigen Wiederholung gleichartiger Gestaltungselemente sind unübersehbar.

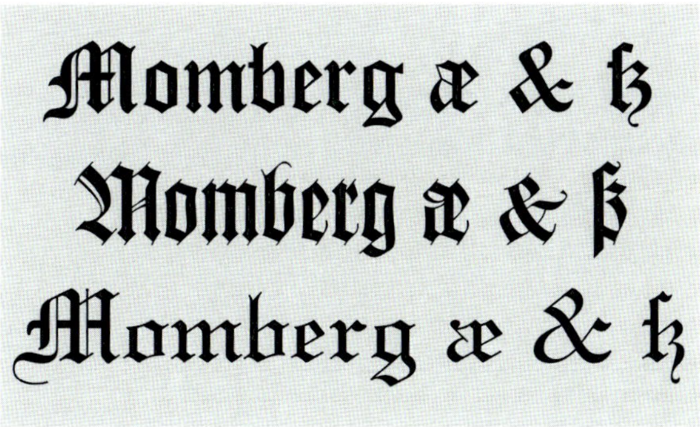

Abb. 3: Es gibt heute der gotischen Textur nachempfundene Schriften auch auf modernen Computersystemen. Hier drei Schriftbeispiele mit jeweils drei Ligaturen [æ (ae), & (et), ß (sz)], deren heute bekannteste im deutschen Sprachraum das ß ist.

Auch die gotische Schrift strebt empor

Im Gegensatz zum bisher vorherrschenden runden Grundzug der Schrift und dem horizontalen Schriftprinzip, streben die Buchstaben jetzt empor, entwickeln eine typische Vertikaltendenz, lösen sich geradezu von den Maßen der Grundform. Sie geraten mehr hoch als breit, wirken dadurch schmal, schlank und gedrängt. Ihre Erscheinung ist von der Brechung bestimmt. Buchstabenschäfte werden erst am Kopf, schließlich auch am Fuß umgeknickt, erhalten scharfe Ecken und Winkel (Abb. 3). Vor allem nach diesen Merkmalen hat man versucht, die gotische Buchschrift einzuteilen (textus rotundus, textus semiquadratus, textus prescisus, textus quadratus).

Das neue Schreibinstrument, eine breiter zugeschnittene Feder verstärkte noch den Kontrast zwischen Vertikalität, Eckigkeit und Dicke der senkrechten Schäfte und den haarfeinen horizontalen Linien, den feinen Haarstrichen, die nicht selten

die Verbindung zwischen den Schäften herstellen. Aneinanderstoßende Buchstabenbögen verschmolzen, wurden unmittelbar miteinander verbunden, in eins gezeichnet, was den ohnehin entstehenden Eindruck der Drängung noch verstärkt. Der Schreiber entdeckte den Raum zwischen den Zeilen, in den nun zierlich gegabelte, später mit auffälligen „Quadrangeln" versehene Ober- und Unterlängen der Buchstaben tief hineinragen (Abb. 5). Die Wirkung der Zeile als horizontales Band hebt sich dadurch fast auf. Das Schriftbild wird zu einem engen, dunklen Gewebe (lat. textus, textura). Nur hin und wieder wird dieser Gesamteindruck von prächtigen Großbuchstaben (Initialen, Abb. 1, 2, 4, 11) in einer Vielzahl immer neuer geschmückter Formen aufgelockert, an denen sich die Phantasie der mittelalterlichen Schreiber in besonderer Weise entzündete. Die Buchmalerei entwickelte hier einen zeichnerischen und farblichen Reichtum, der in keiner anderen Stilperiode der Schriftentwicklung mehr übertroffen wurde.

Im auffälligen Gegensatz dazu entwickelte sich der Gesamtcharakter der gotischen Buchschrift. Die typischen Eigenformen der Buchstaben begannen, sich dem Gesamtrhythmus der Schrift unterzuordnen. Die Entwicklung lief immer mehr auf eine Entpersönlichung der Handschrift des Schreibers hinaus, die im 15. Jahrhundert einen ungewöhnlich hohen Grad erreicht. Die strenge, traditionsgebundene, formale Behandlung der gotischen Schrift ließ bald nicht mehr viele Varianten zu, so dass sie auf einem festen Schriftstandard erstarrte.

Unter der Bezeichnung Textur ist die gotische Buchschrift des 14. und 15. Jahrhunderts zur Schrift für liturgische Werke schlechthin geworden (Abb. 4). Sie wurde auch geradezu als Missalschrift bezeichnet. Auf diesem Gebiet blieb sie auch noch bis ins 16. Jahrhundert erhalten, als die Humanisten sich längst der karolingischen Minuskel erinnert hatten und die Verwendung gotischer Schriften vermieden. Die gotische Buchschrift

Abb. 4: Das Lektionar der Kamminer Diözese, linke Seite, zeigt eine farbige lettre-champie-Initiale auf vergoldetem Grund und gibt ein Beispiel für die Kunst der Buchmalerei des 14. Jahrhunderts, Textus rotundus

Abb. 5: In der ältesten Greifswalder Universitätsmatrikel verzeichneten die Rektoren die Namen der Studenten und die wichtigsten Ereignisse ihrer Amtszeit. Textus quadratus, 1488/89

Abb. 6: Das Rubenowbild in der Greifswalder Nikolaikirche stiftete der erste Rektor der Universität, Heinrich Rubenow (erste Person von links) dem Andenken seiner Freunde und Kollegen aus den frühen Jahren der Universität. Um 1460, Inschriftentextur

erreichte den Gipfel ihrer formalen Vollkommenheit und Stilreinheit, als sie den Kulminationspunkt ihrer Universalgeltung bereits hinter sich gelassen hatte. Zu dieser Zeit wurde der Buchdruck unter Einsatz der beweglichen Letter erfunden, der in seiner Bedeutung für die kulturelle Entwicklung der Menschheit gar nicht überschätzt werden kann. Als erste Type wurde die Textur verwendet, wobei die Entwicklung der Buchschriften nun bald andere, vom Schreiber unabhängige Wege einschlug.

Die gotische Schrift wurde bald auch im Bereich der bildenden Kunst verwendet. Hier entwickelte sich in enger Anlehnung an die Buchschriften, wenn nicht sogar als direktes Replikat, die sogenannte gotische Inschriftenmajuskel. Diese Schrift konnte eine außerordentlich dekorative Wirkung entfalten, war aber – zumal bei längeren Texten – schwer lesbar, so dass die Künstler bald auch auf Minuskelschriften auswichen. Nachdem die Textur gegen Ende des 14. Jahrhunderts einen ausgesprochen monumentalen Charakter angenommen hatte (textus quadratus, Abb. 5), wurde sie auch für die Inschriftengestaltung interessant und löste die gotische Inschriftenmajuskel bald völlig ab. Die Inschriftentextur (Abb. 6) hat sich in zahlreichen Zeugnissen entlang der Straße der Backsteingotik erhalten und begegnet uns am häufigsten auf Grabmälern oder Gedenktafeln (Abb. 7), Münzen, Medaillen, Siegeln und Glocken, aber auch auf Schmuckstücken oder Gemälden.

Man schrieb „gotisch" ...

Neben der gotischen Buchschrift und den Inschriftenmajuskeln entwickelte sich im 12. und 13. Jahrhundert auch ein Schrifttyp kleinerer Dimension, der den karolingischen Schreibtraditionen stärker verpflichtet blieb und weniger der allgemeinen gotischen Tendenz in der Betonung der Senkrechten folgte – die gotische Kursive. Die verdichteten Handelsbeziehungen, zum Beispiel im Rahmen der Hanse, die notwendigerweise gestiegenen Bedürfnisse nach schriftlicher Verwaltung in den städtischen Gemeinschaftswesen, aber auch die Einflüsse des Römischen Rechtes, die zu einer starken Verschriftlichung einst mündlich oder symbolisch vollzogener Rechtsakte führten, schufen die Rahmenbedingungen für die Entwicklung dieser Gebrauchsschrift. Sie unterwarf sich den Bedürfnissen des Schreibers nach Geschwindigkeit und Flüssigkeit des Schreibgeschäftes. Die Entwicklung der gotischen Kursive zeugt aber auch von einer stärkeren Verbreitung der Schreibfähigkeit überhaupt, bei deren Förderung die entstehenden Universitäten und städtischen Schulen eine wichtige Rolle spielten.

Abb. 7: Der sogenannte Denkstein für den ermordeten Heinrich Rubenow in der Greifswalder Marienkirche, Inschriftentextur, 1462/63

Nicht von ungefähr war die Universität von Paris eines der frühen Verbreitungszentren der gotischen Kursive, die auch als „lettre parisienne" oder „lettre bâtarde" bezeichnet wurde. Die gotische Kursive tritt uns in Rechnungs- und Handlungsbüchern, Steuerlisten, Gerichtsprotokollen und zahlreichen Dokumenten geringeren zeitlichen Wertes entgegen. Die Entwicklung der gotischen Kursive folgt der Tendenz, erst den einzelnen Buchstaben, schließlich das ganze Wort möglichst in einem Zug zu schreiben. So entsteht ein breiter gelagertes Schriftbild. Die Unter- und Oberlängen der Buchstaben werden mit Schleifen versehen, die zum nächsten Buchstaben überleiten und ein Absetzen der Feder überflüssig machen (Abb. 3, 10). Zahlreiche Buchstabenligaturen (Verbindungen von zwei oder mehreren Buchstaben) werden entwickelt und auch den i-Punkt verdanken wir dieser Zeit. Die Schrift neigt sich langsam nach rechts und brachte damit die deutlich gesteigerte Schreibgeschwindigkeit zum Ausdruck. Auch die fürstlichen Kanzleien bedienten sich bald einiger Elemente der gotischen Kursive und entwickelten daraus die gotische Urkundenschrift, später die Bastarda und die sogenannte Kanzleikursive.

... bis in die Neuzeit

Früher als bei den Buchschriften erlahmte der Einfluß des gotischen Stils bei den Gebrauchsschriften bereits in der Mitte des 15. Jahrhunderts. Außer im Reich, wo Humanismus und Renaissance mit einer zeitlichen Verzögerung und unter anderen Vorzeichen erwachten, knüpfte die Lateinschrift überall früher oder später an vorgotische For-

Abb. 8: Das Monatsblatt aus dem Festkalender der Diözese Kammin mit der Angabe der wichtigsten Heiligentage, darunter dem des Bischofs Otto von Bamberg, dem Apostel der Pomoranen (1. Oktober). Textus semiquadratus, Mitte des 15. Jahrhunderts

men an. Auch im Reich blieb die Entwicklung der Gebrauchsschrift nicht stehen, aber sie war geprägt von einem nachhaltigen, andauernden Einfluss der gotischen Kursive. So wurde die gotische Kursive zur „nationalen" deutschen Schrift, in späterer Zeit geradezu zu einem Symbol des Deutschtums. Sie hatte ein formenreiches Nachleben im Barock und nahm auch klassizistische Impulse auf, bis zu Beginn des 20. Jahrhunderts Reformbestrebungen eine Angleichung der nunmehr „deutschen" Schrift an die lateinische, westeuropäische „Normalschrift" zum Gebot der Zweckmäßigkeit im technischen Zeitalter erklärten. Ein kreativer Reformprozess konnte nicht zu Ende geführt werden. Der Übergang zur lateinischen Normalschrift in Druckerzeugnissen und Schulstuben wurde 1941 durch die Nationalsozialisten kurzerhand dekretiert.

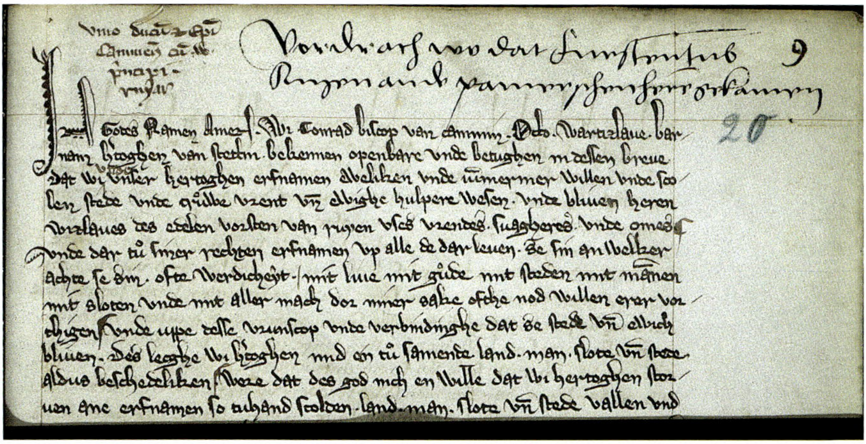

Abb. 9: Der Codex Rugianus, das früheste bekannte Kanzleiregister Rügens, gotische Kursive, um 1321

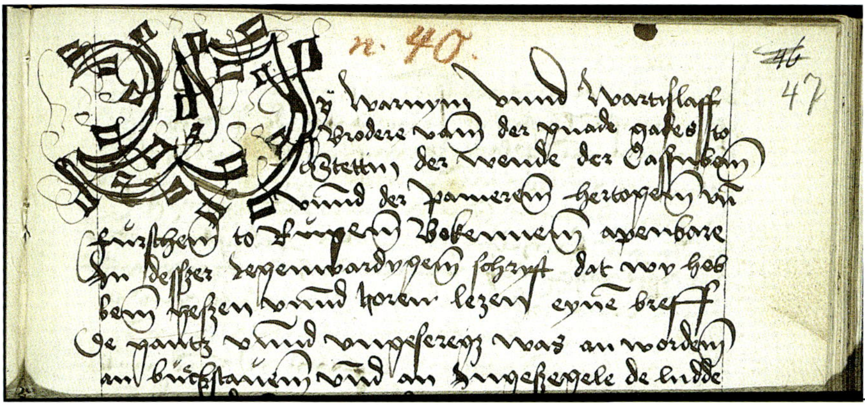

Abb. 10: Die Matrikel des Klosters Hiddensee, gotische Kursive und Initiale mit ausgeprägtem Quadrangelmotiv, um 1500

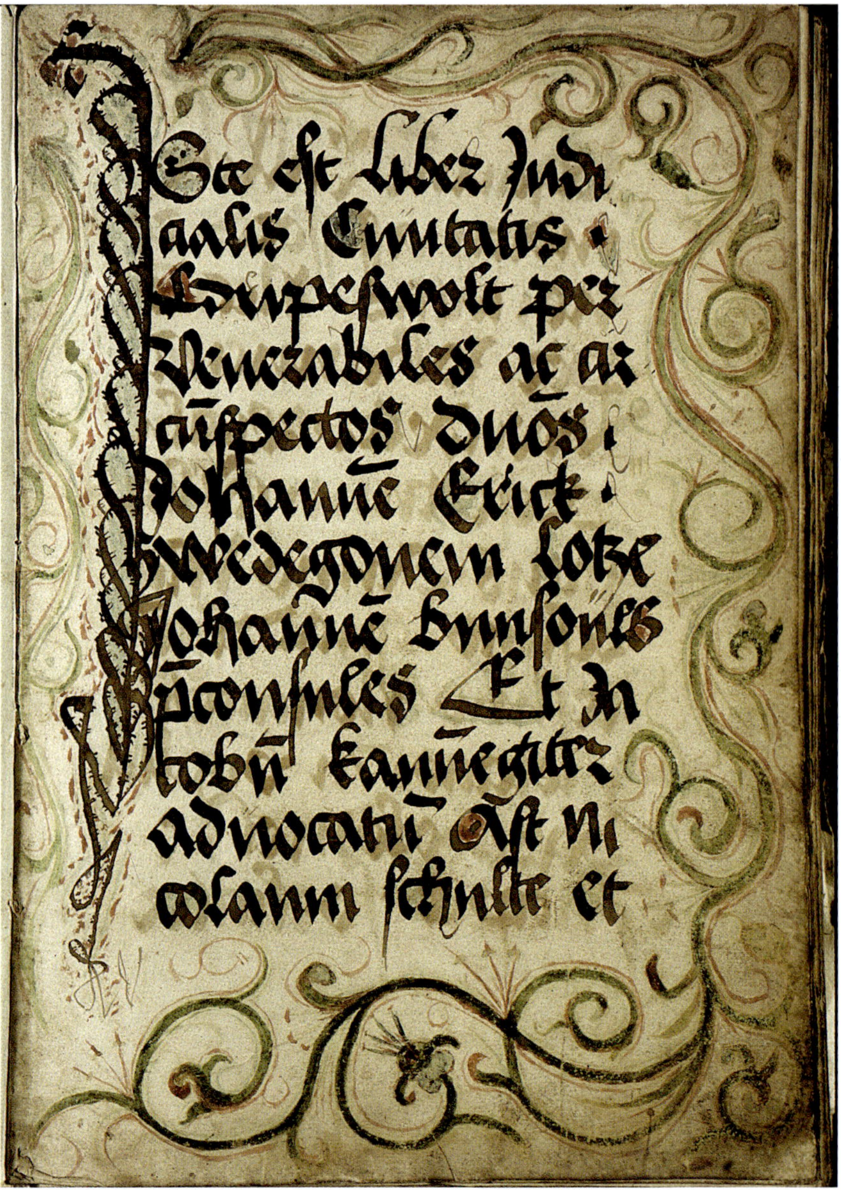
Hec est Liber Judi
cialis Ciuitatis
Gripeswolt per
venerabiles ac cir
cumspectos dnos
Johanne Erick
Wedegonem Lotze
Johanne Bunsones
proconsules Et Ja
cobu Kannegiter
aduocatu Ast Ni
colaum Schulte et

Abb. 11: Mehrfarbige gestaltete Titelseite des Greifswalder Liber Iudicialis mit Dreiblattranke und Flechtbandinitiale, Textura, Ende des 15. Jahrhunderts

Im Osten Deutschlands setzte sich die Gotik in der Architektur später durch als im Westen. Bei den gotischen Stileinflüssen der Schriftentwicklung ist eine solche Verzögerung, wenn man in Rechnung stellt, dass sich diese Gebiete gerade erst der lateinischen Kultur des christlichen Westens geöffnet hatten, nicht zu bemerken. Originäre pommersche Schriftzeugnisse lassen sich bei den gotischen Buchschriften bis 1300 überhaupt nur schwer nachweisen. Seit dem 14. Jahrhundert liegen einige Beispiele, vor allem liturgische Texte der Diözese Kammin (Abb. 8), vor. Ein großer Teil dieser Schriften ist jedoch durch Reformation und Kriege bis 1945 vernichtet worden. Etwas günstiger liegen die Dinge bei der gotischen Kursive (Abb. 9, 10). Sie gelangte, wie alle Schrift, über die Skriptorien der Klöster, so des Prämonstratenserkonventes in Grobe/Usedom, der Benediktiner in Stolpe oder der Zisterzienser in Eldena, ins Land. Sie alle brachten unterschiedliche Schreibtraditionen aus ihren Heimatdiözesen in Havelberg, Magdeburg und dem dänischen Esrom mit. Teilweise lassen sich in den pommerschen Klöstern schon am Ende des 13. Jahrhunderts leistungsfähige Skriptorien nachweisen, die auch Schreibarbeiten von außerhalb übernahmen.

Im Bereich der wendischen Hansestädte und der fürstlichen Kanzleien der südlichen Ostseeküste fand die gotische Kursive seit 1260 Anwendung und Verbreitung. Bis etwa 1320 entwikkelt sich in den verschiedenen Kanzleien eine spezifische gotische Urkundenschrift (Abb. 9). Die Bastarda und die Kanzleikursive setzen sich zuerst in den fürstlichen Kanzleien (um 1350 bzw. um 1455) und mit jeweiliger Verspätung von 20 Jahren auch in den städtischen Schreibstuben durch.

Literatur:

Bischoff, Bernhard / Gérard I. Lieftinck / Giogio Battelli: Nomenclature des écritures livresques du IXe au XVIe siècle, Science humaines 4, Centre National de la Recherche Scientifique, Paris 1954

Bobowski, Kazimierz: Dokumenty i Kancelarie Ksiazece na Pomorzu zachodnim do konca XIII w. (Acta Universitatis Wratislaviensis 836, Historia LIV), Warschau 1988

Hajnal, Istvan: Universities and the development of writing in the XIIth-XIIIth centuries, in: Scriptorium 6, 1952

Crous, Ernst / Joachim Kirchner: Die gotischen Schriftarten, Leipzig 1938

Langhof, Peter: Triebkräfte und Entwicklungstendenzen der gotischen kursiven Urkundenschriften im Gebiet der deutschen Ostexpansion im Spätmittelalter. Eine paläografisch-kanzleigeschichtliche Untersuchung, in: Jahrbuch für Geschichte des Feudalismus 3, 1979, S. 87–109

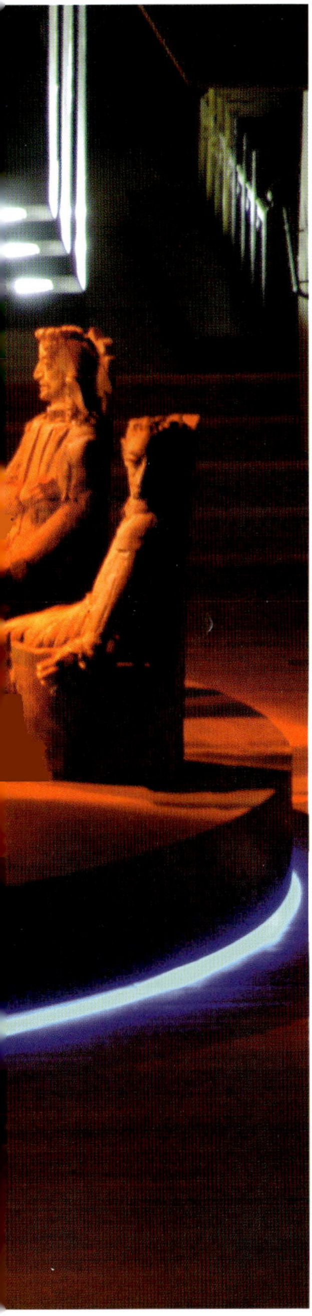

Holger Freiherr von Neuhoff
Francisco Carnal
Stephanie Febel
Manfred Schulz
Dieter M. Weidenbach

In Demut vor Gott

Geist und Religion im Mittelalter – ein Ausstellungsgottesdienst

„Ich hab' es schon öfters gesagt: Die ein gutes Leben beginnen wollen, die sollen es machen wie einer, der einen Kreis zieht. Hat er den Mittelpunkt des Kreises richtig angesetzt und steht der fest, so wird die Kreislinie gut. Das soll heißen: Der Mensch lerne zuerst, dass sein Herz fest bleibe in Gott, so wird er beständig werden in allen seinen Werken. Denn wenn sein Herz unstet ist, mag er noch so große Dinge tun, es hilft ihm nichts."

Meister Eckart
Mystiker und Prediger
(um 1260–1327)

Unser aus Backstein historisch geformtes Fundament sind die vielen Kirchen, Klosterbauten und Rathäuser in den beiden Regionen Mecklenburg und Vorpommern. Gar trefflich beschreibt Angela Pfotenhauer in dem Magazin „Backsteingotik" der Deutschen Stiftung Denkmalschutz die Baukunst der Zisterzienser als „Würdig, schlicht und gottergeben". So stehen wir denn einem historischen Fundament gegenüber, welches in seiner Würde und Schlichtheit wie ein Pilgerpfad durch die Region führt. Und wenn heutzutage Touristen diese Pfade beschreiten, stehen sie oftmals staunend und rätselnd vor den Leistungen vieler Generationen unterschiedlicher Baumeister in ihrer Schaffenskraft.

In der christlichen Symbolik bedeutet das alte Motiv des Labyrinths das menschliche Leben mit all seinen Irrungen und Wirrungen. Im Zentrum wartet die Erlösung, das himmlische Jerusalem. Stellvertretend für eine Pilgerfahrt ins Heilige Land konnte der Gläubige knieend dem Labyrinth auf dem Kirchenboden folgen und so der Erlösung ein Stück näher kommen. Labyrinth im Langhaus der Kathedrale von Chartres aus dem 13. Jahrhundert

Eine Ausstellung gestaltet sich vom Konzept bis zur endgültigen Fertigstellung auch wie ein Pfad, der von Menschen beschritten wird, die sich einer Thematik annehmen, sie verinnerlichen und in Bilder für den Besucher umformen. Die Ausstellung sucht durch den „Dialog des Geistes" eine der wesentlichen Wurzeln der Backsteingotik auf: Die Gottergebenheit – und damit das Gespräch mit Gott, welches wir aus der längst vergangenen Bauepoche in das heutige Licht rücken möchten. Eine Kirche ist für diese Zwiesprache der richtige Ort.

Eine Kirche als Ausstellungsort ist an sich ein schwieriges Unterfangen. Hier, wo die Menschen in Muße Kraft für den Alltag sammeln möchten, im Gebet einen Dialog mit Gott suchen, können nur würdige und schlichte Töne gewählt werden. Und wenn der Heilige Bernhard, Abt von Clairvaux, eine asketische Frömmigkeit von den Zisterziensern auf ihrem Weg einforderte, soll auch diesem in der Ausstellung Rechnung getragen werden.

Müssen wir nicht feststellen, dass in unserer Zeit das Bedürfnis nach einem grundsätzlichen, religiösen Dialog durchaus gegeben ist? Müssen wir nicht feststellen, dass unsere europäische Gedankenarchitektur oft nur noch auf einer sinnlosen Beschleunigung des wirtschaftlichen Handelns gründet?

So erschien es uns als Ausstellungsteam manchmal, als sei das Christentum, und damit Gott, aus den würdigen Bauten, die auf den Wegen zur Backsteingotik stehen, von unserer modernen Lebensphilosophie einfach ausgeschlossen, ja weggeschlossen worden. Wie wir auch zu oft dazu verleitet werden, unsere lebendige Geschichte zwischen zwei Buchdeckel zu verbannen und im Regal verstauben zu lassen – ein Atavismus der Evolution. Auch wir spürten auf dem „Pfad zur Ausstellung" die Schnelligkeit dieser Zeit, die Beschleunigung ohne Zwischentöne in der Suche nach einem stimmigen Konzept.

Ausstellung

Um der Zeit der Backsteingotik gerecht zu werden, drehen wir das „Rad der Ausstellungsproduktion“ zurück. Für alle Bereiche wird ein Dogma „erlassen“. Unser Ziel ist, soweit wie möglich an die Ursprünge zu gelangen, das heißt auch: ursprüngliche Materialen und ursprüngliche Arbeitsweisen auszuprobieren. Die Architekten arbeiten in Skizzenbüchern, verzichten weitgehend auf ihre Computer. Zeichnungen für die Handwerker werden per Hand erstellt, also keine – wie heute üblich – technischen Zeichnungen aus einem CAD-Programm. So tritt der Architekt wieder in einen Dialog mit dem ausführenden Handwerker. Die Gewerke werden mit dem Geist der damaligen Zeit verbunden. Im Lichtdesign suchen wir nach historischen Quellen und nach der zentralen Aussage in der Gotik „Gott ist Licht“. Vornehmlich werden zum Ausleuchten Kerzen und Öllampen in der Ausstellung eingesetzt.

Der Kirchenraum wird in seiner Funktion als Ort des Gottesdienstes grundlegend in unser Gedankengut aufgenommen: Nicht der Raum hat sich dem Konzept zu unterwerfen, sondern die Ausstellung dem Raum – einem christlichen, Gott geweihten Raum.

Wir sprechen hier von einem „Ausstellungsgottesdienst“, der gleich einem Gottesdienst verschiedene Erklärungsebenen aufzeigt: Im Zentrum findet der Zuschauer einen historischen Zugang zur Backsteingotik, er wird aber auch die Geschichte des Christentums anhand einer Zeitleiste als Orientierungshilfe vorfinden. Der Zuschauer wird eine 30 Meter lange und 5 Meter ho-

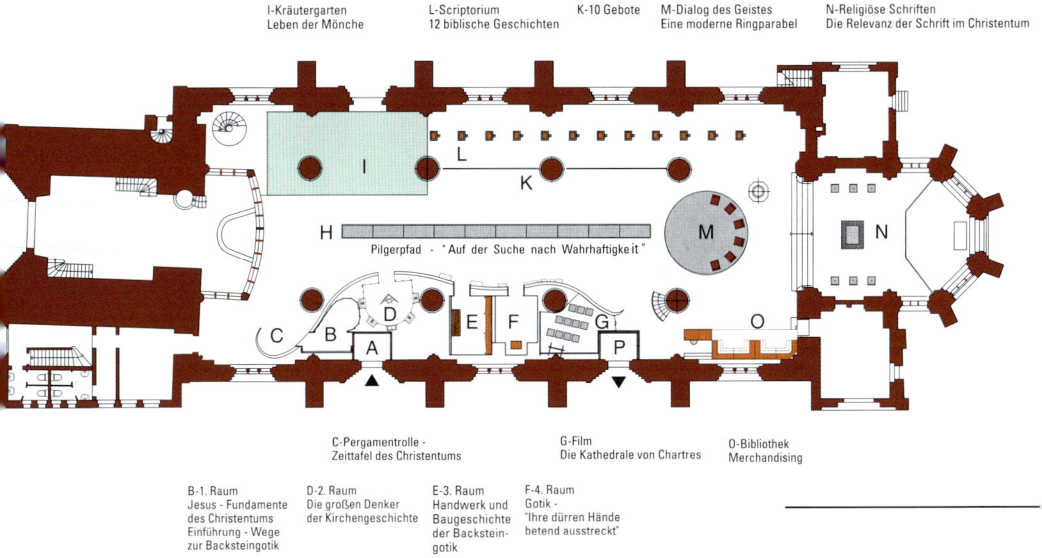

Maria kurz nach 1500

Jesus, um 1160-70

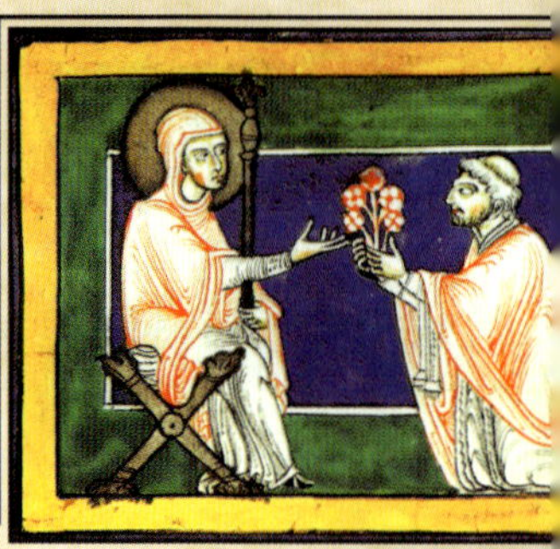

Maria, Anfang 13. Jahrhundert

„… Jahr des Herrn 1348 raste über fast … ganzen Erdkreis ein Sterben, wie man es … gleichbar kaum je gesehen hat. So reichte … Zahl der Lebenden kaum aus, um die … en zu begraben, oder sie vermieden es … Entsetzen. Ein furchtbarer Schrecken … e fast alle erfaßt: Kaum hatte jemand ein … chwür oder eine Beule bekommen, vor … m in der Leistengegend oder in der … selhöhle, half niemand mehr dem Opfer … wurde sogar von seiner Verwandtschaft … stich gelassen … und deshalb starben … e durch Vernachlässigung. … … e wiederum, die man schon todgeweiht … bte, wurden zu Grabe getragen, damit sie … rdigt wurden. Deshalb wurden auch viele … ndig begraben. … Und die Pest zog sich … noch über zehn Jahre hin."

… e Paparum Avenionensium: Clementis VI. … na Vita.

„Wäre alle Welt mein, und wär sie aus lauterem Gold, und sollte ich hier, wie ich wollte, ewig sein die alleredelste, die allerschönste, die allermächtigste Kaiserin, das wäre mir zuwider; also gern sehe ich Jesum Christum, meinen lieben Herrn, in seiner himmlichen Ehre. Ermeßt, was sie leiden, die seiner lange harren."

Mechthild von Magdeburg,
Das fließende Licht der Gottheit VII, 40, nach 1250.

Die Frau ist geschaffen worden, um dem Mann zu helfen, aber nur bei der Fortpflanzung, denn bei allen übrigen Betätigungen wird der Mann woanders bessere Unterstützung finden.

Thomas von Aquin

… nn die Frauen nicht gut wären und ihre … schläge nutzlos, hätte Gott sie niemals zur … e des Mannes bestimmt, sondern eher zur … ache allen Übels …

… ffrey Chaucer

Manchmal, wenn eine Frau sich klug geben will, ist sie am Ende nur doppelt dumm.

Erasmus von Rotterdam

„Die Brüder sollen nichts als Eigentum erwerben, weder ein Haus noch eine Niederlassung noch irgendeine andere Sache. Und gleich wie Pilger und Fremdlinge, die in dieser Welt in Armut und Demut dem Herrn dienen, mögen sie voll Vertrauen um Almosen gehen und sollen sich dabei nicht schämen, weil der Herr sich um unseretwillen in dieser Welt arm gemacht hat."

Franz von Assisi, Regel, 1223

Gläubigkeit 115… Schenkung einer … an das Kloster Mont-Saint-Mich…

„Nachdem die Unsrigen die Heiden endlich überwunden hatten, ergriffen sie im Tempel [des Salomons] eine große Anzahl Männer und Frauen und töteten oder ließen leben, wie es ihnen gut schien. … Bald durcheilten sie die ganze Stadt und erbeuteten in Häusern, die mit allem Gütern gefüllt waren, Gold und Silber, Pferde und Maultiere. Dann, glücklich und vor Freude weinend, gingen die Unsrigen, um das Grab des Erlösers zu verehren …"

Augenzeugenbericht von der Eroberung Jerusalems 1099

Kreuzritter vor den Toren Jerusalems

„Wenn ihr den Feind angreift und bekämpft, werden alle vom Heere Gottes dies eine rufen: Gott will es, Gott will es (Deus lo volt)!"

Papst Urban II. in seiner Kreuzzugsrede vor der Synode von Clermont-Ferrand 1095

14. Jahrhundert
Größte politische Wirksamkeit der Hanse

1337 bis 1453 Hundertjähriger Krieg zwischen England und Frankreich

… Eroberung Konstantinopels … die Osmanen

1348 Gründung der ersten deutschen Universität in Prag durch Kaiser Karl IV.

1347 bis 1350 Erste große Pestwelle, dramatische Bevölkerungsverluste mit weitreichenden politischen, wirtschaftlichen und sozialen Folgen. Pogrome gegen Juden

1215 Magna Charta Libertatum gewährt den englischen Baronen Mitspracherechte

um 1200 Niederschrift des Nibelungenlieds

1187 Sultan Saladin erobert Jerusalem

1155 Kaiserkrönung Friedrich I. Barbarossas in Rom

1125 bis 1254 Zeit der Staufer

1092 Angehörige … („Assassinen"…) … tremen Abspaltung der … deren Hauptstützpunkt … von Alamut bei Tehera… den den seldschukische… Selbstmordattentäter

1223 Bestätigung des von Franz von Assisi gegründeten Franziskanerordens

1210 Päpstliche Anerkennung der Büßergemeinschaft unter Franz von Assisi

1216 Gründung der Dominikaner, des ersten Bettelordens

um 1140 Entstehung des Liber sancti Jacobi, eines Reisehandbuchs für Pilger nach Santiago de Compostella, Nordwestspanien.

1164 Tod der Heloïse

1179 Tod der Hildegard von Bingen

Petrus Abaelard, Sic et non: Grundlegendes Werk der christlichen Scholastik und Dialektik

1122 Wormser Konkordat: Kompromiß zwischen Kaiser und Papst im Investiturstreit

1098 … Cîteaux, A… des Zister…

1050 – 1250

Der Glaube der Gelehrten, Kreuzfahrer und Ketzer: Das Christentum zwischen hoher Theologie und Intoleranz

In der zweiten Hälfte des 11. Jahrhunderts gerät die bisherige Welt aus den Fugen. Im sogenannten Investiturstreit, der nicht nur das Deutsche Reich, sondern auch England und Frankreich erfaßt, zerbricht die Einheit von Herrschaft und Kirche. Die Bevölkerung wächst, neue gesellschaftliche Gruppen entstehen, das europäische Städtenetz und eine neue Form der Wirtschaft bilden sich aus. Diese Dynamik macht auch vor dem Glauben nicht halt: der neue Zisterzienserorden will zurück zu den Wurzeln des benediktinischen Mönchtums. Adlige ergreifen das Schwert und machen sich auf zum Kreuzzug. Mit den Templern entsteht der erste Ritterorden, der mönchisches Ideal und ritterlichen Kampf zu einer neuen Lebensform vereint. In derselben Zeit entstehen in Italien und Frankreich die ersten Vorformen der Universitäten, und in ihnen eine neue Form der Theologie, die Scholastik. Sie geht nun mit den Mitteln des menschlichen Verstandes, mit Logik und Dialektik, an die heiligen Schriften. Einer ihrer bedeutendsten Vertreter ist im 12. Jahrhundert Petrus Abaelard. Am Ende des Klärungsprozesses steht mit der Summa theologiae des Thomas von Aquin ein neues, widerspruchsfreies Lehrgebäude. In diesen Umbrüchen entstehen auch dem kirchlichen Leben entgegenstehende Auffassungen des Glaubens. Gerade die Frage der Nachfolge Christi und des Armutsideals bewegen die Zeit und führen zur Kritik an der Kirche und ihren Vertretern. Manche der Bestrebungen können im Rahmen der Kirche gehalten werden (Bettelorden), andere hingegen scheren aus und werden von Kirche und Herrschern als Ketzer verfolgt. Erst bei einem geschlossenen Lehrsystem der Kirche konnten Häretiker als solche ohne große Probleme mit Hilfe eines förmlichen Rechtsvorganges, der sogenannten Inquisition, dingfest gemacht werden. Hinter vielen Ketzerverfolgungen standen aber handfeste politische Absichten.

1212 Kinderkreuzzüge in Frankreich und Deutschland

1231 Der Deutsche Orden beginnt seinen Kampf gegen die heidnischen Prussen

1208 Kreuzzug gegen die als Häretiker betrachteten Albigenser und Katharer in Südfrankreich: Beginn der Ketzerverfolgungen

1184 Päpstliche Verurteilung der „Armen von Lyon", nach ihrem Gründer Waldenser genannt, und der Katharer als Ketzer

1119 Gründung des Templerordens in Jerusalem

1075 … teiligung V… Besetzung …

109… zum K… an Jud… Worm…

1270 – 1275
Siebter Kreuzzug
Er endet mit dem Tod Ludwigs IX. (des Heiligen) vor Tunis

1249 – 1254
Sechster Kreuzzug
unter der Führung Ludwigs IX. führt über Ägypten

1228 – 1229
Fünfter Kreuzzug
unter Führung Kaiser Friedrichs II. Jerusalem fällt für kurze Zeit wieder an die Christen

1202 – 1204
Vierter Kreuzzug
Konstantinopel wird erobert und geplündert (1204), das Lateinische Kaiserreich des Ostens entsteht

1189 – 1192
Dritter Kreuzzug
gegen Saladin. Friedrich Barbarossa stirbt 1190 in Kleinasien

1147 – 1149
Zweiter Kreuzzug
Er scheitert nach vergeblicher Belagerung von Damaskus und Askalon

1146 Bernhard von Clairvaux ruft zum 2. Kreuzzug auf, erneute Ausschreitungen gegen Juden, Ritualmordvorwurf taucht auf

1… Er… F… d… u… B…

he Pergamentrolle abschreiten können, die die Geschichte des Christentums zeigt. Er kann hier in verschiedene Räume eintreten, so als ob er in eine Schrift eintaucht. Unter anderem werden in den Räumen Erklärungen zur Backsteingotik anhand von Bildern, Exponaten und Texten gezeigt. Der Raum der großen Denker der Kirchengeschichte lädt ein zur Begegnung mit der Gedankenwelt von Augustinus, Gregor dem Großen (Abb. S. 111) oder Mechthild von Magdeburg.

Wir bauen ein klösterliches Skriptorium nach. Die Bedeutung der Schrift für die Ausbreitung des christlichen Glaubens wird hier erlebbar gemacht. Dem Leben der Zisterziensermönche widmen wir uns exemplarisch am Kloster Eberbach im Rheingau und ihrer Ausbreitung auch bis an die Ostsee, zum Beispiel mit der Gründung des Klosters Eldena. Neben der Erklärung des Mönchstums anhand der Zisterzienser stößt der Zuschauer auf einen Kräutergarten.

In einem separaten Raum findet für den Zuschauer eine europäische Orientierung zur Gotik statt: In einem einstündigen Film über die französische Kathedrale in Chartres zeigen wir die Ausbreitung der Gotik in Europa.

Die Geschichte des Christentums. Ausschnitt aus einer 30 Meter langen Pergamentrolle in der Ausstellung

Die wichtigste Station und das zentrale Bild unserer Ausstellung, unseres Gottesdienstes, ist eine Figurenkonstellation, die der Ringparabel aus Lessings „Nathan der Weise" folgt. Es sind Figuren, die zu überlebensgroßen Backsteinfiguren geschaffen wurden – gebrannte, historische Größen der Geistesgeschichte. Backsteinen gleich sind sie in einem Brennprozess für die Ausstellung angefertigt. Und dem Gedanken des Ausstellungsgottesdienstes folgend, sollen sie mit dem Zuschauer in einen engen Dialog treten.

Lessings berühmtes Lehrstück aus dem Jahre 1779, das im Streit zwischen Juden, Christen und Muslimen salomonisch schlichtete: „Es eifre jeder seiner unbestochnen, von Vorurteilen freien Liebe nach." Ein Blick und eine Hoffnung für die Zukunft zwischen unterschiedlichen Kulturen, Mentalitäten und Religionen, die den Ursprung für alle Menschen darstellen. Denn nach Lessing ist Gott größer als jede Konfession und steht über den Religionen.

Der Bildhauer Dieter M. Weidenbach hat die Figuren geschaffen. Auf unseren Pfaden zur Ausstellung fragten wir den Künstler oft nach seinem Motiv, in einer kalten, kargen Werkstatt zu arbeiten und zu schlafen, monatelang in einem Gespräch mit den Skizzen und Werkstoffen zu stehen – ohne Fernsehen, Telefon und Internetverbindung in die moderne, globale Datenwelt hinein. Er entgegnete uns immer wieder, er habe sie nicht geschaffen, *es* hat sie geschaffen. Über die Figurengruppe sagt er:

„Über einen nicht näher definierten Zeitraum abendländischen Kulturimpulses treten sechs Protagonisten ins Gespräch. Dieses Gespräch gipfelt in „Dialoghi d'Amore", wie sie im Italien der Renaissance unter Christen, Juden und Muslimen geführt wurden."

Der „Dialog des Geistes" – in allen Kulturepochen gab es ihn auf der Suche nach dem Sinn des Lebens und den Möglichkeiten des friedlichen Zusammenlebens der Völker. Und gerade heute besteht die Pflicht für Christen, Juden und Muslime, diszipliniert in einen Dialog zu treten. Die sechs Backsteinfiguren, die in der Ausstellung in einem Dialog über Gott und seine Schöpfung vereint sind, sollen ein Symbol für die Bereitschaft zum Gespräch sein. Es sprechen:

Der Pilger – Er zeigt den Menschen auf seiner persönlichen Suche nach Gott. Seine körperliche Reise symbolisiert einen spirituellen Weg zu Gott.

Bernhard von Clairvaux (1090–1153) – Der Gründungsabt des Zisterzienserklosters Cîteaux brachte seinen Orden zu hoher Blüte und übte auf kirchliche wie politische Machthaber großen

Entwurfsskizze des Ausstellungsarchitekten Manfred Schulz für den „Dialog des Geistes". Der Bildhauer Dieter M. Weidenbach im Dialog mit dem Material Ton.

Einfluss aus. Seine Kreuzzugspredigt regte den zweiten Kreuzzug (1147/48) an. Stets stellte er Glauben vor Vernunft.

Peter Abälard (1079–1142) – Der frühscholastische Philosoph und Reformtheologe verfasste u. a. die Toleranzschrift „Gespräch eines Philosophen, eines Juden und eines Christen". Sein Traum: Eine Menschheit, die sich über alle Glaubensgegensätze hinweg auf die Suche nach Gott macht.

Moses Maimonides (1138–1204) – Der jüdische Arzt und Philosoph versucht in seinen Werken eine umfassende Reform des Denkens und des Lebens der Juden. Sein Bestreben: Wissenschaft und Philosophie mit jüdischem Glauben und jüdischer Frömmigkeit zu einen.

Im Raum der großen Denker: Gregor der Große (um 540–604), Büste mit der Taube als Symbol des Heiligen Geistes, Claudia Weidenbach

Hafis (um 1320–1388) – Der persische Dichter besang den Wein, die Liebe, die Schönheit der Natur und verspottete Heuchler und Philister. Seine Gedichte wurden in einem Diwan gesammelt, dessen Übersetzung Goethe zu seinem „West-östlichen Divan" anregte.
Parzival – Der Held aus Eschenbachs Epos zeigt eine Existenz, in der sich das ritterlich-höfische Ideal und der göttliche Wille verbinden. Die Gnade Gottes führt ihn letztlich zum Gral, in dem der Dualismus von Gott und Welt aufgehoben wird.

Die Figuren kommen in einem Hörspiel in Original-Zitaten zu Wort. Der Schauspieler Bruno Ganz (u. a. „Himmel über Berlin") leiht ihnen seine Stimme.

Es ist für uns schwer, den mittelalterlichen Menschen in seinen Verhältnissen zu existentiellen Fragen zu fassen. Was wir heute als ästhetische kulturelle Höchstleistung reflektieren, war im Gemüt dieser Menschen auf andere Seinsfragen angelegt, als sie uns in der Gegenwart „verständlich" wären. Es ging vornehmlich nicht um Genuss, sondern um Gottesdienst. So ist diese Kunst in Form verwandeltes Gebet. In allen Kulturepochen gab es den Dialog auf der Suche nach dem Sinn des Lebens und den Möglichkeiten des friedlichen Zusammenlebens der Völker. Die Figurengruppe soll ein Symbol für die Bereitschaft zum Gespräch sein. Und eben diese Bereitschaft auch beim Besucher der Ausstellung wecken.

Der gotische Kathedralenbau – ein europäisches Unternehmen

Architekten aus Flandern, Steinmetze aus der Lombardei, Glasmaler aus Süddeutschland, ja Spezialisten aus dem gesamten christlichen Abendland schufen in der Zeit um 1140–1350 Kathedralen, die uns noch heute in Erstaunen versetzen. Groß, erhaben, lichtdurchflutet – Bauten ungeahnter Kraft und Schönheit. Wie konnten die Menschen damals die Mauern in solch schwindelerregende Höhen treiben? Wie die gewaltigen Steinmassen bewegen? Was hat sie dazu getrieben?

Wie alles begann

St. Denis im Norden von Paris, im Jahre 1130. Abt Suger hat einen kühnen Traum: Er will die schönste und größte Kirche der Christenheit bauen. St. Denis, die alte, romanische Benediktiner-Abteikirche, in der Karl der Große 754 zum fränkischen König gekrönt wurde, sein Enkel Kaiser Karl der Kahle bestattet und der französische Nationalheilige Dionysis seine Grabstätte fand, soll in neuem Glanze erstrahlen.

Die original erhaltenen Glasfenster von Chartres, die die Wände kunstvoll durch Fensterrosen und steile Lanzettfenster auflösen, tauchen die Kirche in ein mystisches, überirdisches Licht. Sie scheinen – Edelsteinen vergleichbar – aus sich selbst heraus zu glühen. Chartres, südliches Querhaus, erste Hälfte 13. Jahrhundert

Architektur des Lichts

Suger träumt von einer neuen Architektur des Lichts, die den Betrachter „vom Materiellen zum Immateriellen" erheben soll. Das Werk „soll die Herzen erhellen, so dass sie durch wahre Lichter zu dem wahren Lichte gelangen, wo Christus die wahre Tür ist." Zur Grundsteinlegung am 14. Juli 1140 schreibt Suger: „Nach einer gemeinschaftlichen Beratung mit unseren Brüdern haben wir nach reiflicher Überlegung beschlossen, unter der Eingebung Gottes, diese geheiligten Steine der alten Kirche wie Reliquien zu behandeln und uns zu bemühen, jene Kirche, deren Neubau durch eine so zwingende Notwendigkeit begonnen wurde, durch Schönheit, Länge und Höhe zu veredeln."

Der Bau wird die Architektur revolutionieren, St. Denis als erste gotische Kathedrale und ihr Abt als „Schöpfer der Gotik" in die Geschichte eingehen. Auch wenn die Forscher lange stritten, wo der Ursprung der Gotik liegt.

Das Neue: Nicht nur die Größe und die lichtdurchfluteten Räume. Suger und sein Architekt verbinden erstmals burgundische und normannische Elemente, also Spitzbogen und Rippengewölbe, konsequent in einem Bau. Ein weiteres wichtiges Merkmal: Die steinernen Wände lösen sich durch den Einsatz bunter, riesiger Glasfenster scheinbar auf.

Bis ins Detail plant Suger seine Kirche. Über die Ausgestaltung des Innenraums schreibt er: „In der Mitte nun erhoben 12 Säulen, die die Anzahl der Apostel vorstellen, in zweiter Linie aber eben so viele Säulen der Seitenschiffe, die die Zahl der Propheten bezeichnen, den Bau unvermittelt hoch, wie der Apostel sagt, indem er in geistlicher Weise baut: ‚Ihr seid nun nicht Gäste und Fremdlinge, sondern Mitbürger der Heiligen und Hausgenossen Gottes, erbaut auf dem Fundament der Apostel und Propheten, mit Christus Jesus selbst als dem vorzüglichsten Eckstein', der beide Wände verbindet, ‚in dem das ganze Gebäude' – sei es geistig oder materiell – ‚zu einem heiligen Tempel im Herrn wächst'. Je höher und je passender wir in ihm uns bemühen, materiell zu bauen, desto mehr werden wir belehrt, dass wir durch uns selbst geistlich zu einer Wohnung Gottes im Heiligen Geist auferbaut werden."

Ein vehementer Kritiker des aufwendigen Kirchenbaus ist der berühmte Zisterzienser-Abt Bernhard von Clairvaux. Bereits 1125/27 mahnt er in einer Streitschrift: „Unbedingt zu meiden sind unbescheidene Längen des Kirchenbaus, weil sie gottlos sind, und die leeren Höhen bis zu den Decken, weil sie den Gedanken verwirren, ebenso maßloser Zierrat und jedes Schmücken des Chorkranzes, weil es eitel ist."

Doch die Entwicklung des neuen Baustils ist nicht aufzuhalten. In ganz Europa entstehen Kathedralen, die scheinbar „den Himmel berühren", und die uns noch heute staunen lassen. Wie konnten die Menschen im Mittelalter solch gewaltige Bauwerke schaffen? Ohne Computer, ohne High-Tech-Maschinen.

Politisch-gesellschaftlicher Hintergrund

Das 12. und 13. Jahrhundert ist geprägt vom geistigen, wirtschaftlichen und technischen Aufbruch. Die politischen Verhältnisse sind unruhig. Für den Menschen aber steht Gott noch im Zentrum der Welt. Jeder hat, seinem Stand entsprechend, einen bestimmten Platz in der göttlichen Ordnung – und akzeptiert ihn. Aber: Alle gehen in eine Kirche – egal ob arm oder reich, Bettler oder Kaufmann, Bischof oder Handwerker. Sie alle vereint der feste Glaube an das christliche Himmelreich. Die Kirche ist Mittelpunkt ihres täglichen Lebens – und auch Mittelpunkt der immer schneller wachsenden Städte. Sie ist weit mehr als reiner Gebetsraum. Die hohen, lichtdurchfluteten Kathedralen des Mittelalters zeugen vom Streben der Menschen nach Erleuchtung und Erkenntnis; gleichzeitig aber auch vom Reichtum und der großen Macht ihrer Erbauer. Und die wetteiferten beim Bau frei nach dem Motto „Höher, größer, prächtiger".

Theologisch-philosophischer Hintergrund

Durandes von Mende schreibt in seinem Buch über die Liturgie (1286/96): „Die materielle Kirche, in der das Volk, um Gott zu loben, zusammenkommt, zeigt die heilige Kirche an, die im Himmel aus lebendigen Steinen gebaut wird."

Dieser Gedanke ist nicht neu. Schon Amalar Metz, Erzbischof und Lehrer an der Hofschule in Aachen, erklärt 823 in seiner Schrift „Liber officialis": „Die Mauer unserer Kirche hat im Fundament Christus, auf dessen Fundament sind fest gefügt die Apostel ... Ein jeder der Heiligen, der von Gott für ein ewiges Leben bestimmt ist, ist ein Stein dieser Mauer. ... Die Festigkeit der Mauer kann ohne Mörtel nicht sein, Mörtel besteht aus Kalk, Sand, Wasser. ... Damit aber Kalk und Sand tauglich für den Bau der Mauer sind, werden sie durch die Beimengung von Wasser verbunden. Das Wasser ist der Heilige Geist. ... Denn so, wie ohne Mörtel die Steine der Mauer nicht zu einer festen Mauer miteinander verbunden werden können, so können Menschen nicht zum Gebäude des Himmlischen Jerusalems verbunden werden ohne Liebe, die der Heilige Geist wirkt."

Das heißt: Schon lange vor dem 12. Jahrhundert ist der Gedanke von der lebendigen Kirche, die die geistige Kirche spiegelt, bekannt und sinnstiftend für den Kirchenbau. Was hat zur besonderen und neuen Form der gotischen Kathedrale geführt? Entscheidend scheint die philosophische Definition des Schönheitsbegriffs im Mittelalter und das Wissen von der Geometrie.

Hugo von St. Viktor erklärt: „Die Gestaltung gewisser Dinge bewundern wir, weil sie auf eine besondere Art schicklich und in übereinstimmender Weise zusammenpassend sind, so dass eben die Planung des Werkes gewissermaßen die besondere sich hinwendende Umsicht des Gründers (conditor, Gott) anzuzeigen scheint."

Robert Grosseteste, Bischof von Lincoln, schreibt 1230: „Die Schönheit aber ist Einklang und Übereinstimmung eines Dinges in sich selbst und Harmonie aller seiner einzelnen Teile in sich selbst und in Bezug auf alle Teile."

Und Thomas von Aquin stellt in seinem Hauptwerk „Summa theologiae" um 1250 fest: „Für die Schönheit sind drei Dinge erforderlich. Erstens die Vollständigkeit oder Vollkommenheit; unvollständige Dinge nämlich sind hässlich. Weiter die rechte Proportion oder Harmonie. Und schließlich die Klarheit; denn wir nennen solche Dinge schön, die leuchtende Farben haben."

Vor diesem Hintergrund, so Günther Binding, hatte sich im 13. Jahrhundert „in allen Bereichen das Bemühen entwickelt, im harmonischen, wohlproportionierten Kosmos der Schöpfung den genauen Ort für den Menschen zu bestimmen, sowohl bezüglich seiner Vernunft als auch seiner Natur, das heißt, in den vollkommenen Formen, in denen sich Gott offenbart. Man bemühte sich, das Geheimnis der Welt zu erkennen und die innewaltende göttliche Ordnung aufzuzeigen."

Buchaltärchen des Herzogs Philipp des Guten von Burgund: Die Miniaturen der beiden Holzflügel stammen aus der Zeit um 1430, während die Handschrift 20 Jahre später entstand.

Die Methoden dafür? Nach Abt Suger von St. Denis und vielen anderen Theologen und Philosophen sind es Arithmetik, Geometrie, Musik und Astronomie. Diese Fächer beschäftigen sich auf der Grundlage der Zahlen mit der Natur der Welt. Kennt man die Bedeutung der Zahl und versteht die Ordnungsstrukturen der Welt, dann erkennt man auch Gott. Im biblischen Buch der Weisheit steht geschrieben „Du hast alles nach Maß, Zahl und Gewicht geordnet."

Dazu erklärt Günther Binding in „Was ist Gotik?": „So galt, je mehr die Kathedrale diesem dem Kosmos innewohnenden Ordnungsgesetz folgte, desto mehr war sie geordnet, wahr und konnte den Teilnehmer an der Liturgie zu Erkenntnis, zu Gott führen ...".

Und noch einmal Schrift:

Während die gotische Kathedrale mit ihrer Architektur, Skulptur, Wand- und Glasmalerei die Nähe zu Gott vermittelte und die Inhalte der Bibel für die Gläubigen ins Bild setzte, gewann zum Ausgang des Mittelalters zunehmend das geschriebene Wort an Bedeutung für alle Christen.

Wie eng der Glaube alle Lebensbereiche der Menschen durchzog, zeigt das Buchaltärchen des Herzogs Philipp des Guten von Burgund (1419–1467) auf der Rolle des Christentums. Es war ein Gebetbuch für den persönlichen Gebrauch, verbunden mit einem Altaraufsatz. Ein Unikat, ganz auf die private Andacht des Herzogs abgestimmt und als Begleiter auf den herzoglichen Reisen in ständigem Gebrauch. Die Gutenberg-Bibel schließlich, steht am Anfang der Medienrevolution, die das Wort Gottes zunehmend mit gedruckten Bibeln zu den Menschen brachte.

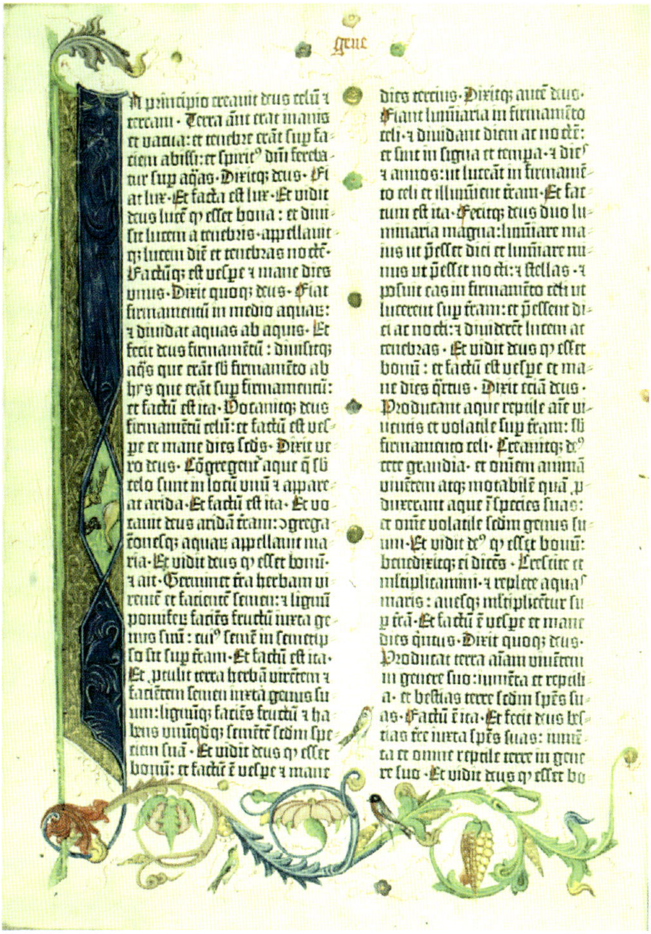

Ausschnitt aus der Greifswalder „Gutenberg-Bibel": Weltweit sind nur noch vier Exemplare dieser 36-zeiligen Bibel (B-36) vollständig erhalten. Das zweibändige, lateinische Werk ist um 1460 nach dem Vorbild der 42zeiligen Gutenbergbibel, wahrscheinlich in Bamberg, gedruckt worden.

Auf dem Pfad zu dieser Ausstellung haben uns viele Menschen tatkräftig und ausdauernd begleitet. Darunter Frau Professor Dr. Ellen Widder, Tübingen, und Herr Dr. Mark Mersiowsky, Münster, deren wissenschaftlicher Rat ein wichtiger Wegweiser für die Vorbereitung war. Auch viele andere sind große und kleine Schritte mit uns gegangen. Wir sind vielen Menschen begegnet, die bereit waren, in einen Dialog einzutreten.
Ihnen allen möchten wir danken und mit ihnen gemeinsam die Besucher einladen, den Dialog aufzugreifen.

Barbara Resch

St. Jacobi – unter Dach und Fach

Mit seinem alten Baumbestand ist das Ensemble von St. Jacobi im Westen, dem Universitätshauptgebäude (1745–1750) im Süden und dem Heil-Geist-Hospital im Osten einer der schönsten Plätze Greifswalds.

St. Jacobi ist die dritte der drei gotischen Backsteinkirchen der 750jährigen Hanse- und Universitätsstadt Greifswald. Sie wurde im 13. Jahrhundert mit der Entstehung einer Neustadt am Neuen Markt errichtet. Der Platz ist heute nach dem Bürgermeister Heinrich Rubenow († 1462) benannt, dem Greifswald seine Universität verdankt.

Mit der 1456 gegründeten Universität ist die Jacobikirche nicht nur durch ihre Lage verbunden. Im Spätmittelalter gehörte es zu den Pflichten der Studenten der Artistenfakultät, an den Gottesdiensten in der Jacobikirche teilzunehmen. Seit der Schwedenzeit (1631–1815) war es dann Brauch, die Erste Pfarrstelle von St. Jacobi mit einer Professur an der Theologischen Fakultät zu verbinden. Von 1889 bis 1989 war sie Predigerkirche der Universität für die akademischen Gottesdienste. Im ersten Turmgeschoß hat die Evangelische Studentengemeinde seit 1965 ihren Sitz. Seit diesem Jahr wird auch die Winterkirche im Turm genutzt.

Der Historiker Theodor Pyl machte auf Rechnungen aus dem Jahre 1663 aufmerksam, aus denen hervorgeht, dass Studenten der Universität das Gleichnis „Vom reichen Mann" mit Chorgesang und Violinenbegleitung aufführten. Vielfältige Kirchenmusik erklingt auch heute in der Jacobikirche, vor allem bei der traditionsreichen Greifswalder Bachwoche, die seit 1946 jährlich stattfindet.

Die Jacobikirche war zunächst eine zweischiffige Hallenkirche mit fünf Jochen ohne Chor. Die ältere Ostwandgliederung der Seitenschiffe im Inneren und Reste von Rundbogenfriesen

Das breite Mittelschiff mit seinen acht Rundpfeilern und dem schlichten Kreuzrippengewölbe entstand beim Umbau zur dreischiffigen Hallenkirche um 1400.

und Ecklisenen außen stammen noch von diesem ersten Bau. Bis 1400 wurde St. Jacobi zu einer dreischiffigen Hallenkirche unter Beibehaltung der fünf Joche umgebaut und um einen einjochigen polygonalen Chor ergänzt.

1807 bis 1810 requirierten napoleonische Soldaten die Kirche als Feldbäckerei – danach war sie unbenutzbar geworden. Die Wiederherstellung des Innenraumes fällt in die Jahrzehnte nach 1815, nachdem das schwedische Greifswald preußisch geworden war. 1842 wurden Altar und Chorgestühl, 1855 die neue Kanzel eingebaut. Von 1898 stammen die farbigen Fenster des Chores.

Von der mittelalterlichen Innenausstattung haben sich die Granittaufe aus der zweiten Hälfte des 13. Jahrhunderts, die Majestas domini als Wandmalerei aus der Zeit um 1410/20 im ersten Mittelschiffgewölbe und die Grabplatten aus gotländischem Kalkstein erhalten. Die beiden mittelalterlichen Apostelfiguren – Petrus und Paulus – erhielt die Jacobikirche zur Wiedereinweihung nach umfangreichen Baumaßnahmen im Jahre 1965. Der noch mittelalterliche Dachstuhl wurde im Jahr 2002 restauriert und das Dach neu gedeckt. Der neu gestaltete Platz vor dem schönen Westportal lädt jetzt wieder zum Verweilen ein.

Die Jacobikirche – Veranstaltungsort der ersten Ausstellung „Dialog des Geistes"

1199 Gründung des Klosters Eldena durch dänische Zisterziensermönche (aus Esrom) an der Mündung des Ryck, wo sie bereits Salzquellen besitzen. Ihr vorheriges Kloster Dargun (bei Demmin) ist im Zuge kriegerischer Auseinandersetzungen zerstört worden.

1209 Das Kloster Eldena erhält das Recht, deutsche, dänische und slawische Kolonisten auf seinem Landbesitz anzusiedeln.

1207 Neben dem einträglichen Salzhandel vermehrt das Kloster seinen Wohlstand durch den Erhalt von Land vom rügenschen Fürsten Jaromar I.

um 1230 Auf dem Gebiet der heutigen Greifswalder Innenstadt werden von den Siedlern erste Gebäude errichtet.

1241 Marktrecht

1242 oder 1262 Gründung des Franziskanerklosters

1248 erste urkundliche Erwähnung des „oppidum gripheswaldis"

1249 Das Kloster Eldena tritt den Ort an Herzog Wartislaw III. von Pommern ab.

1250 Greifswald erhält Lübisches Recht.

um 1250 bis um 1450 Bau der drei Stadtkirchen St. Marien, St. Nikolai und St. Jacobi.

1254 Der Greifswalder Hafen wird Freihafen; Gründung eines Dominikanerklosters.

1262 Erste urkundliche Erwähnung des Heilig-Geist-Hospitals.

ab 1262 Handelsfreiheit in Norwegen für die Greifswalder Kaufleute

1264 Alt- und Neustadt werden vereint; die Stadt erhält das Verteidigungs- und Befestigungsrecht sowie Zollfreiheit für das Herzogtum; Bestätigung einer Münze

1279 Der dänische König Erich V. verleiht Greifswald Zollfreiheit für einen Markt auf Seeland.

1280 Die Greifswalder Kaufleute erhalten vom dänischen König in Falsterbo im Südwesten Schonens eine Vitte, einen Heringsfang- und -handelsplatz, mit einem eigenen Vogt.

1297 Fürst Wizlaw von Rügen gewährt der Stadt die Anlage eines neuen Hafens an der Mündung des Ryck in der Nähe des Dorfes Wiek.

1299 Greifswald zählt zu den Mitbegründern der Hanse.

1310–1363 Greifswald ist achtmal Schauplatz des Hansetages (Versammlung der Vertreter der Hansestädte).

seit Beginn des 14. Jahrhunderts St. Georgs- oder St. Jürgen-Hospital: zuständig für die Pflege Aussätziger, jenseits der Stadtgrenzen; im Dreißigjährigen Krieg zerstört.

1327 erfolgreiche Unterstützung der Pommernherzöge im Rügischen Erbfolgekrieg gegen Mecklenburg, der das Land des ausgestorbenen rügischen Fürstenhauses für Pommern sichert.

1329 vor den Toren der Stadt Gründung eines zweiten Heilig-Geist-Hospitals, das 1631 aufgrund des Dreißigjährigen Krieges wieder aufgegeben wurde.

1363 erstmalige Erwähnung des St. Gertruden-Hospitals, in dem Reisende nach der abendlichen Schließung der Stadttore eine Herberge fanden.

1382 Nach der Ratsmatrikel wird die Stadt von drei Bürgermeistern und 24 Ratsherren regiert.

1437–1443 Die Universität Rostock lagert wegen innerstädtischer Unruhen ihren Universitätsbetrieb nach Greifswald aus.

1456 Bürgermeister Heinrich Rubenow stiftet die pommersche Landesuniversität – die zweitälteste Nordeuropas. Rubenow wurde auch ihr erster Rektor.

1457 Erhebung der Pfarrkirche St. Nikolai zur Stiftskirche, deren Domherren nur aus den Reihen der Universitätslehrer kommen dürfen; außerdem Nutzung als Universitätskirche.

1531 nach langem Zögern Einführung der Reformation in Greifswald auf Druck der Gewerke (Handwerkervereinigungen); Umwandlung des Klosters Eldena in ein herzogliches Amt.

1539 Wiedereröffnung der Universität als evang. Landesuniversität

Glossar

Atavismus: (Rückfall) Ist das Wiederkehren von Charakteristika oder Qualitäten in einem Wesen oder einem Vorgang, die über mehrere Generationen oder Prozesszyklen nicht mehr aufgetreten sind.

Bodden: (norddeutsch) Strandsee, Ostseebucht

Chorschranken: hohe steinerne Trennungswände, die den Ort des Gottesdienstes der Mönche oder Kleriker im Chor einer Kirche umgeben

Epistolar: Das Epistolar gibt die Epistellesungen für die Messe wieder (erste Lesung in der Messe).

Epitaph (griech.) Grabschrift; im Kircheninneren oder an der Außenwand angebrachtes Denkmal zur Erinnerung an einen Verstorbenen, mit Inschriften und teilweise figürlichen Darstellungen versehen

Evangeliar: Ein Evangeliar umfasst die vier Evangelien in der biblischen Abfolge, oft mit Konkordanzen (sog. Kanontafeln) und einer Übersicht, an welchem Tag welcher Text in der Messe gelesen werden sollte.

Fortifikation: militärische Befestigung, Festung

Graduale: Das Graduale enthält die Messgesänge, das Antiphonar die Gesänge des Stundengebets.

Halle/Hallenkirche: Mehrschiffiger Raum in dem alle Gewölbe oder Raumdekken die gleiche Höhe haben

Hymnar: Im Hymnar sind die Hymnen (Lobgesänge) aufgezeichnet, die sowohl in Messe als auch Stundengebet benötigt werden.

Katechismus: (griech.) Religionslehre; in Frage und Antwort zusammengestelltes Lehrbuch des christlichen Glaubens; seit der Reformation gibt es die Unterschiedung in einen katholischen und einen protestantischen Katechismus.

Kollektar: Im Kollektar sind die Gebetstexte für das Stundengebet (vgl. Tagesablauf) zusammengestellt.

Konsistorium: regelmäßig oder in Abständen tagendes beratendes (gelegentlich auch beschließendes) Gremium

Lektionar: (lat. lectio = Lesung) Das Lektionar umfasst die kompletten Lesungen (Episteln und Evangelien) durch das Kirchenjahr. Mit der Regel ist die Benediktsregel gemeint, während das Kalendar (nicht Kalender) die Gliederung des kirchlichen Jahreslaufs mit den festen hohen Kirchenfesten (wie Weihnachten) und die Heiligenfeste (z.B. Fest des Hl. Benedikt am 11. Juli). Die beweglichen Feste (Ostern, Pfingsten) mußten getrennt berechnet werden.

Ligatur: Ligaturen sind Buchstabenverbindungen aus ursprünglichen Einzelzeichen (zwei oder mehr), die im Laufe der Zeit fast zu einem einzigen neuen Zeichen zusammenwuchsen. Man kann sich dies ähnlich wie beim Zeichen „ß" vorstellen, das anfänglich aus „s" und „z" bestand, mittlerweile jedoch zu einem eigenständigen Symbol wurde.

Missale: Das Missale enthält alle festen und wechselnden Texte der Messe für das Kirchenjahr.

Papier: zählt neben Papyrus, Pergament und Wachstafeln zu den Beschreibstoffen; die ursprünglich chinesische Erfindung des Papieres fand über die arabische Welt ihren Eingang in Europa. Seit dem 12. Jahrhundert in Spanien und Italien bekannt, löste das Papier im 14. und 15. Jahrhundert zunehmend das Pergament als Beschreibstoff ab. Die erste Papiermühle auf deutschem Boden gründete 1390 Ullman

Stromer in Nürnberg. Ausgangsbasis für die Papierherstellung sind Lumpen von Kleidungsstücken. Diese werden zerkleinert und in Wasser zu einer breiigen Masse aufgelöst. Mit einem Sieb, dem Schöpfrahmen, werden daraus die einzelnen Blätter gewonnen – „geschöpft", die nach dem Trocknen noch geleimt werden mussten. Das Papier reduzierte die Kosten der Buchherstellung um ein Vielfaches und war eine der Grundvoraussetzungen für den Siegeszug des Buchdrucks.

Papyrusrolle Für Bücher wurde in der Antike der aus Pflanzenfasern hergestellte Papyrus verwendet. Für die Papyrusrolle wurden Einzelstücke aus zwei Lagen rechtwinklig zueinander gelegten und durch Pressen verbundenen Streifen des Papyrusmarks aneinandergeleimt. Da das Material für die Herstellung eines Buches nicht geeignet war – Papyrus läßt sich nicht ohne Schäden falten – verdrängte vom 4. Jahrhundert an das Pergament den Papyrus aus der Buchproduktion, blieb aber für Urkunden weiter in Gebrauch.

pauperes Christi: hier: Hilfsbedürftige allgemein, denen die Unterstützung kirchlicher Gruppen gelten muß (auch: mittelalterliche Bezeichnung der Leprakranken; ebenfalls: Eigenbezeichnung der Waldenser)

Pergament: war bis zum Spätmittelalter der am meisten verbreitete Beschreibstoff. Hierfür wurden Tierhäute verwendet (von Schafen, Ziegen, Kälbern oder Rindern) verwendet – daher der Ausdruck „das geht auf keine Kuhhaut". Diese wurden in Kalklauge gebeizt und anschließend von Fell- und Fleischresten befreit und gereinigt. Eine weitere Nachbehandlung erfolgte durch Aufrauhen mit Bimsstein oder Aufhellung mit Kreide. Pergament stellte einen kostbaren Beschreibstoff dar, was oft dazu führte, dass man ältere Schriftstücke mit einem Messer abkratzte, um es neu zu beschreiben (Palimpsest).

Psalterium: Im Psalterium sind die Texte der 150 Psalmen wiedergegeben, oft begleitet mit Anweisungen, zu welchen Zeiten die Psalmen zu singen bzw. beten sind.

Quadrangeln: rautenförmige Brechung an Fuß und Kopf der Texturaschriften (15. Jahrhundert)

Rasenbank: Sitzplatz in mittelalterlichen Lustgärten, wie auf zahlreichen spätgotischen Kunstwerken (siehe S. 64, Abb. 1; S. 66, Abb. 2, S. 71, Abb. 6) zu erkennen ist. Ein erhöhtes Stück begrünter Erdboden ist seitlich von einer Ziegelsteinmauer oder durch Holzbretter begrenzt.

Scholastik: (lat.) „Schullehre"; christliche Philosophie des Mittelalters vom 9. bis 15. Jahrhundert unter Verwendung des Lateinischen als Gelehrtensprache. Die Philosophie stand ganz im Dienst der Theologie. Mit der Scholastik wurden die von den Kirchenvätern aufgestellten Dogmen (unumstößliche Glaubenswahrheiten) vernunftmäßig begründet, verständlich gemacht und verteidigt. Die Argumente in Pro- und-Contra-Gegenüberstellung stützten sich nicht auf die eigene Beobachtung der Wirklichkeit, sondern wurden aus der Heiligen Schrift oder von anderen Autoritäten entnommen. Berühmte Vertreter der Scholastik sind Abaelard (Abeillard, Abälardus), Albertus Magnus, Thomas von Aquin und Duns Scotus. Vom Standpunkt des modernen, aufgeklärten Weltbildes aus betrachtet, verbindet man heute mit dem Begriff „scholastisch" auch engstirniges, spitzfindiges Denken.

Schreibrohr, -griffel: Auf Papyrus und Pergament wurde in der Antike die Tinte mit dem Schreibrohr (calamus, Bambusrohr) aufgetragen, das mit dem Messer zugeschnitten wurde. Im 4. Jahrhundert setzte sich zum Schreiben auf Pergament die Tierfeder (penna) durch, die

Foto: Jens Gehring/Caro

mit scharfen Federmessern je nach Schriftart und Tinte verschieden zugespitzt wurde.

Skriptorium: Schreibstube eines mittelalterlichen Klosters. Hier wurden durch die Mönche Abschriften der Bibel und anderer religiöser Werk hergestellt, teilweise auch in Auftragsarbeit durch Ausschmückungen wertvolle Einzelexemplare für hochrangige Landesfürsten und Kleriker geschaffen.

traufenständig: mit einer Dachseite der Straße oder dem Platz zugewendet[es Gebäude]

Triumphbogen: im mittelalterlichen Kirchenbau Bogen zwischen dem Mittelschiff oder der Vierung und dem Chor; oft mit Malereien geschmückt.

Wendisches Quartier: Untergliederung in der Organisation der Hanse. Zur Kerngruppe der Hanse gehörten die wendischen Städte (im ehemaligen Gebiet der Slawen, der „Wenden"): Lübeck, Hamburg, Wismar, Rostock und Stralsund. Ihre gemeinsamen Beschlüsse und Aktionen waren oft richtungsweisend für die gesamte Hanse. Unter der Leitung Lübecks übernahmen die wendischen Städte die Führungsrolle innerhalb der Hanse.

* = existiert nicht mehr

Hier fördert die Deutsche Stiftung Denkmalschutz

Wie so oft gibt es zwei Seiten einer Medaille: Von Westen gesehen mag der Volksmund mit dem gemütlich klingenden Spitznamen „Dicke Marie“ die Bauform der etwas gedrungen wirkenden Hallenkirche St. Marien in Greifswald treffend beschreiben. Der um 1330 errichtete prächtige Ostgiebel jedoch besticht durch seine elegante, schlanke Gliederung. Ohne komplizierte Formsteine oder aufwendige Maßwerkunterteilungen gelang mit einfachen Mitteln, mit überschlanken weiß verputzten Blenden eine feingliedrige Gesamtwirkung, die durch fünf Fialtürme noch gesteigert wird.

Alle Bauteile sind extremen Witterungseinflüssen ausgesetzt. Besonders die spitzen Türmchen müssen Wind und Wetter trotzen. Der Fugenmörtel war dieser ständigen Beanspruchung nicht gewachsen. So waren einzelne Ziegel aus dem oberen Türmchen bereits herausgebrochen, und das Gelände unter dem Giebel musste abgesperrt werden. „Auswaschungs-, Ausfrostungs- und Winderosion“ formulierten die Experten im För-

derantrag der Gemeinde. Sie fürchteten insbesondere für das obere Türmchen akute Einsturzgefahr. Angesichts der kunsthistorischen Bedeutung des Giebels fördern das Land Mecklenburg-Vorpommern, die Alfried Krupp von Bohlen und Halbach-Stiftung und die Deutsche Stiftung Denkmalschutz die Sanierung der Fialen. Sie soll Anfang 2003 abgeschlossen sein.

St. Marien ist ein Beispiel dafür, dass die kontinuierliche Baupflege viel größeren Aufwand und unwiderbringliche Verluste verhindern kann. Leider fehlen für rechtzeitige Baumaßnahmen vielerorts die finanziellen Mittel. Davon zeugt auch die Jacobi-Kirche, die kleinste unter den Greifswalder Kirchen, die um 1250–1280 als zweischiffige Hallenkirche erbaut und um 1400 zur dreischiffigen Kirche erweitert wurde. Neben dem beeindruckenden Innenraum mit den in der zweiten Bauphase entstandenen Malereien birgt die Jacobi-Kirche historische Werte im Verborgenen: Der vollständig erhaltene Dachstuhl zählt zu den bedeutendsten mittelalterlichen Konstruktionen in Mecklenburg-Vorpommern.

Zu schwere Dachpfannen aus der Sanierung des 19. Jahrhunderts beeinträchtigten jedoch die Statik der Holzkonstruktion. Die Balken waren Witterungseinflüssen ausgesetzt, Holzschädlinge gefährdeten die Holzverbindungen. Eile war im Jahr 2001 geboten, so dass die Gemeinde gemeinsam mit dem Land und der Deutschen Stiftung Denkmalschutz aus Mitteln der GlücksSpirale die Dachsanierung in Angriff nahm.

Unter dem Motto „Damit Vergangenheit Zukunft hat" wurde die Deutsche Stiftung Denkmalschutz 1985 unter der Schirmherrschaft des Bundespräsidenten gegründet. Eine große Förderergemeinde von über 110 000 privaten Spendern und Stiftern, Unternehmen und Institutionen unterstützt die Stiftung bei der Umsetzung ihrer beiden Satzungsaufträge: bedrohte Baudenkmale zu bewahren sowie den Gedanken des Denkmalschutzes in breite Kreise der Bevölkerung zu vermitteln und sie zu aktiver Mithilfe aufzurufen. Diesem Ziel dient auch das vorliegende Buch zur Ausstellung im Rahmen der Gemeinschaftsinitiative „Wege zur Backsteingotik".

Förderprojekte in Greifswald und Umgebung (Auswahl)

- *St. Jacobi, Greifswald*
- *St. Marien, Greifswald*
- *St. Nikolai, Greifswald, Professorenglocke*
- *Dorfkirche in Gristow*
- *Dorfkirche in Reinberg*
- *Dorfkirche in Reinkenhagen*
- *Kapelle in Alt Jagenow*
- *Kapelle in Alt Pansow*

Denn nur, wer die Schönheit unserer Kulturlandschaft und ihre Geschichte kennt, wird dazu beitragen sie zu bewahren. Dank der Erträge aus der Fernsehlotterie GlücksSpirale, privaten Spenden und zeitweisen Mitteln des Bundes konnte die Stiftung seit 1990 über 250 Millionen Euro für mehr als 2 100 bedrohte Baudenkmale in der gesamten Bundesrepublik zur Verfügung stellen. Wie hier in Mecklenburg-Vorpommern warten jedoch noch zahlreiche Bauwerke auf Bewahrung vor dem Verfall.

Dank einer Einzelspende konnte die Deutsche Stiftung Denkmalschutz bei der Restaurierung der „Professorenglocke" von St. Nikolai helfen.

Daher gilt der Aufruf der Stiftung weiterhin:

Rette mit – wer kann!

Spendenkonto Backsteingotik

Deutsche Stiftung Denkmalschutz
Konto 130 115 116
Norddeutsche Landesbank Schwerin
BLZ 250 500 00

Weitere Informationen:
Deutsche Stiftung Denkmalschutz
Koblenzer Straße 75
53177 Bonn
Tel. 0228 / 95738-0
www.denkmalschutz.de

Impressum

Umschlaggestaltung, Plakate: ESKOM Partner, Hamburg: S. 8, 9
Titelfoto: Th. Scherz, Hamburg, Plakatmotive: S. 8, 9 (Rostock, Wismar) S. Brimberg (National Geographic; Premium Stock Photography): Plakatmotive: S. 9 (Lübeck, Stralsund)

Vorwort: Archiv der Hansestadt Greifswald

Geschichte Greifswald: Pommersches Landesmuseum: Abb. 1 · Stadtarchiv Greifswald: Abb. 2, 3 (Postkartenslg., Nr. 82), 4 (Postkartenslg., Nr. 46), 6, 7, 8 (Postkartenslg., Nr. 197), 9 (Postkartenslg., Nr. 116), 10 (Postkartenslg., Nr. 30), 11 (Postkartenslg., Nr. 8) · Stadtarchiv Stralsund: Abb. 7

Glauben: N. Buske: Abb. 4, 6, 7 · Dom St. Nikolai, Greifswald: Abb. 13 · Th. Helms, Schwerin: Abb. 2, 8, 14, 15 · V. Herre, Stralsund: Abb. 9, 10, 11, 12 · G. Maciejewski, Greifswald: Abb. 1, 3, 5 · Kapelle Levenhagen, Aufnahme von 1877: Abb. 16 · H. Hardenberg, Stralsund: Aufmacher, Abb. 17

Garten: Städelsches Kunstinstitut Frankfurt (U. Edelmann) Leihgabe des Historischen Museums Frankfurt a.M.: Abb. 1 · Musée d'Art religieux et d'Art Mosan, Lüttich: Abb. 2 · Umzeichnungen nach D. Hennebo (Die Gärten des Mittelalters, München 1987): Abb. 3, 4 · Rheinisches Bildarchiv Köln: Abb. 6 (Walraff-Richartz-Museum, Köln) · H. Küster, Hannover: Abb. 5, 6

Skriptorium: Bayerische Staatsbibliothek München: Abb. 1 (Handschrift aus Prüfening, Clm 13031, fol. 1r) · F.-J. Götz, München: Abb. 2, 3 · Editions du Signe, Straßburg: Abb. 4 (Klosterführer aller Zisterzienserklöster im deutschsprachigen Raum, hg. von Peter Pfister 2. Auflage Straßburg 1998) · Königliche Bibliothek Kopenhagen: Abb. 5-9 (M. 4, 2°)

Schrift: Landesarchiv Greifswald: Abb. 4 (Rep. 40 I 89, fol. 188r), 8 (Rep. 40 I 91, fol. 3r), 9 (Rep. 40 I 33, fol. 9r), 10 (Rep. 40 I 25, fol. 47r) · Stadtarchiv Greifswald: Abb. 1 (Rep. 3 Nr. 3, fol. 1r), 2 (Rep. 3 Nr. 1, fol. 11v), 11 (Rep. 3 Nr. 19, fol. 1r) · G. Stelzer, Greifswald: Abb. 6, 7 · R. Hof, Bonn: Abb. 3 · Universitätsarchiv Greifswald: Abb. 5 (Matrikel Bd. 1, fol. 66r)

Ausstellung: H. v. Neuhoff: Aufmacher, Abb. 4, 5 · F. Carnal Abb. 3 · GSVN, Stuttgart: Abb. 1, 2 · F. Monheim, Meerbusch: Abb. 6 · Faksimile Verlag, Luzern: Abb. 7 (Nationalbibliothek Wien, Cod. 1800) · Universitätsbibliothek Greifswald: Abb. 8 (BW 210-11 2° Fa 485)

St. Jacobi: Th. Helms, Schwerin: Abb. 1-3 · G. Macijewski, Greifswald: Abb. 4

Stiftung: F. Monheim, Meerbusch: Abb. 1 · M.-L. Preiss/DSD: Abb. 4 · E. Wegner/DSD: Abb. 2, 3

Impressum
Gesamtorganisation, Redaktion: Gerlinde Thalheim
Redaktionelle Mitarbeit, Apparat: Sonja Lucas
Gestaltung: Michael Marasson · Satz: Rüdiger Hof
Druck: Konkordia Druck, Bühl

Verlag: Monumente Publikationen der Deutschen Stiftung Denkmalschutz · Dürenstraße 8 · 53173 Bonn · Tel. 0228/95735-0 · Fax 0228/95735-28

Die Deutsche Bibliothek – CIP-Einheitsaufnahme:
Greifswald : Dialog des Geistes / Beitr. von Dirk Alvermann, Norbert Buske, Franz Jürgen Götz, Uwe Kiel, Hansjörg Küster, Holger von Neuhoff, Barbara Resch u.a. ; Vorw. Harald Ringstorff; Arthur König. - Bonn : Dt. Stiftung Denkmalschutz, Monumente Publ. 2002 (Wege zur Backsteingotik ; 5) – 2. Aufl. 2003

ISBN 3-936942-27-7 · Gesamtausgabe ISBN 3-936942-22-6